Wolfhart Berg

Wanderungen im Harz

Kultur zu Fuß

Wolfhart Berg

Wanderungen
im Harz

55 Farbabbildungen,
29 Tourenkarten
und zwei Übersichtskarten

Kultur zu Fuß

STEIGER
VERLAG

Der Autor:
Wolfhart Berg, geb. 1944, ist seit rund 30 Jahren Journalist und lebt als freier Buch-
autor in Norddeutschland. Er hat bereits eine Vielzahl von Reise- und Wanderbü-
chern veröffentlicht. Den Harz kennt er seit 1955 und hat ihn viele Male von Nord
nach Süd und Ost nach West durchquert. Alle Touren wurden aktuell recherchiert.

Die Deutsche Bibliothek - CIP-Einheitsaufnahme

Berg, Wolfhart:
Wanderungen im Harz / Wolfhart Berg. - Augsburg : Steiger, 1997
(Kultur zu Fuss)
ISBN 3-89652-066-0

Alle Informationen und Hinweise ohne jede Gewähr und Haftung.

Gedruckt auf chlorfrei gebleichtem Papier.

Steiger Verlag
© 1997 Weltbild Verlag GmbH, Augsburg
Alle Rechte vorbehalten
Konzeption: Dr. Petra Altmann
Kartenskizzen: Ingenieurbüro für Kartographie Heidi Schmalfuß, München
Layoutentwurf: VerlagsService Dr. Helmut Neuberger & Karl Schaumann, Heimstetten
Satz und Reproduktion: Typework Layoutsatz & Grafik GmbH, Augsburg
Druck und Bindung: Appl, Wemding

Einbandvorderseite: Wernigerode, Schloß (IFA-Bilderteam, München / Foto:
Baron); Vignette auf Einbandvorderseite: Duderstadt (Bavaria, Gauting / Foto:
Friedrich Borman); Einbandrückseite: Lautenthal (Bavaria, Gauting / Foto: HL);
S.1: Klippen »Ahrensklint« auf dem Weg von Schierke zum Brocken (Henning
Böhme); S. 2/3: Auf der Roßtrappe über dem Bodetal (Henning Böhme).
Alle weiteren Fotos sind ebenfalls von Henning Böhme.

Printed in Germany

ISBN 3-89652-066-0

4

Inhaltsverzeichnis

🏃 = Für Kinder besonders geeignete
Touren

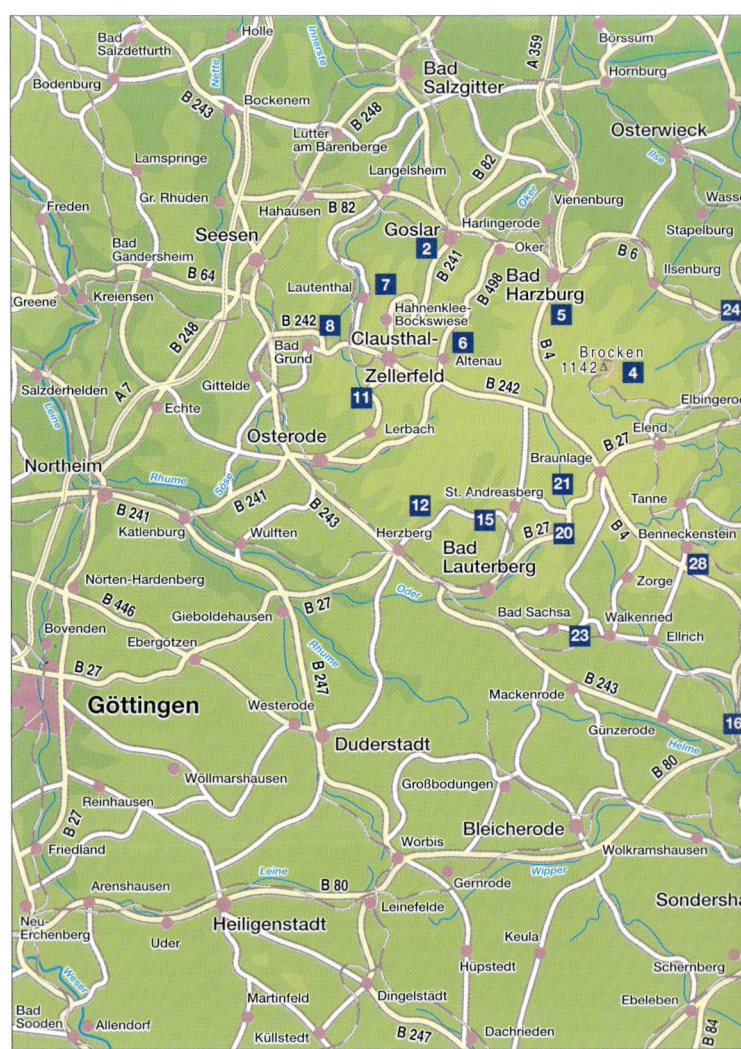

6

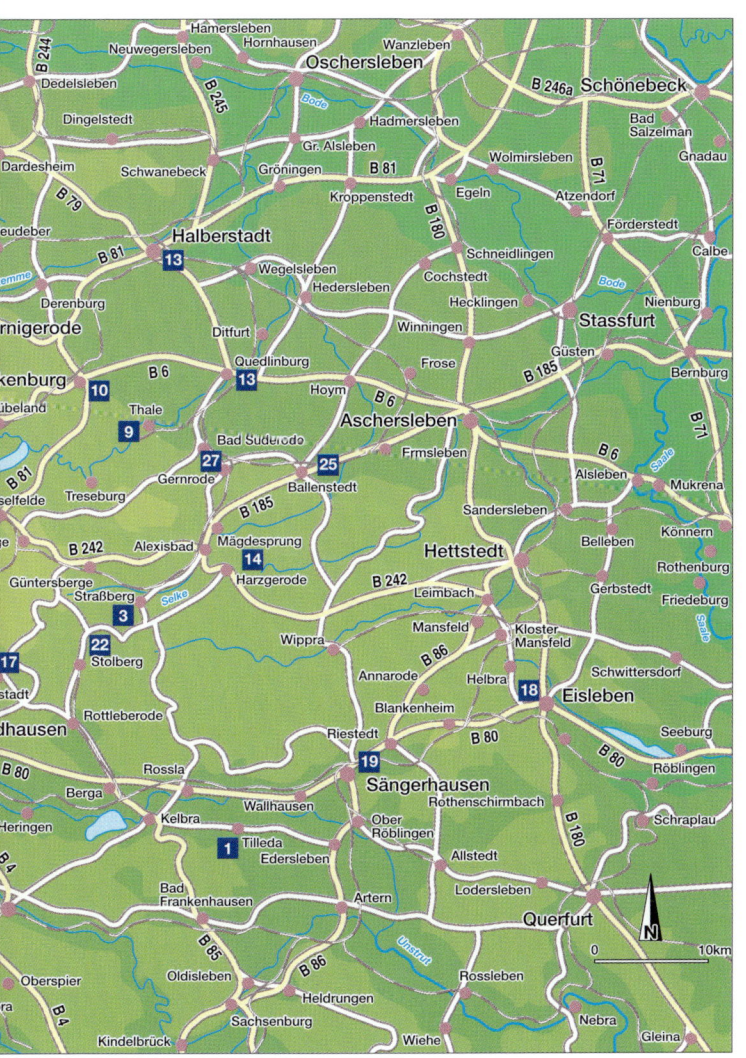

Einführung

Wanderparadies Harz

Schauen wir doch mal ohne jeglichen Regionalpatriotismus auf die deutsche Landkarte: Dieses Mittelgebirge ist tatsächlich der Mittelpunkt des wiedervereinigten Deutschlands. Nach 45 Jahren politischer Teilung wächst genau hier sehr viel schneller zusammen, was schon seit Millionen Jahren zusammengehört. Dem Urlauber und Wandertourismus sei Dank!

Dieses aus einem ozeanischen Urmeer vor Millionen Jahren in die mittlere Höhenlage von rund 750 Metern emporgeschobene, wunderschöne Stück Mutter Erde erstreckt sich über 99 Kilometer Länge und runde 33 Kilometer Breite in einer schiefen Ebene von Nordwest nach Südost. Eine Schieflage zwischen Niedersachsen, Thüringen und Sachsen-Anhalt, zu der sich Geister und Hexen, aber auch berühmte Dichter und Denker hingezogen fühlten. Rund um den Brocken, der höchsten Harzer Erhebung (1142m), tanzen die Hexen jedes Jahr wieder in der Walpurgisnacht zum 1. Mai. Johann Wolfgang von Goethe, der gleich dreimal im Harz seiner Wanderlust frönte, war am 10. Dezember 1777 von dem kahlen, windigen, rauhen Plateau so beeindruckt, daß er die Walpurgisnacht in seinem »Faust« zwischen Tod und Teufel aufleben ließ. Einen finsteren »Schwarzwald« nannte den Harz bereits der Astronom und Geograph Claudius Ptolemäus vor knapp zweitausend Jahren, als die Römer zwischen Rammelsberg, St. Andreasberg und Bad Grund Silber, Gold und Erze gewannen. Damals fiel allerdings auch kein saurer Regen, und Fichten, Buchen sowie Eichen standen noch dichter als heute. Im heutigen Nationalpark unterhalb und rund um den Brocken, den Goethe einst von Torfhaus aus bestieg, sieht man noch urwaldähnliche Flächen und versteht, warum die Germanen hier den »Hart«, ihren »Bergwald«, mit Trutzburgen und sagenhaften Gestalten ausstatteten.

Mystik und Mythos zwischen Goslar, Göttingen und der Lutherstadt Eisleben haben seitdem Millionen von Naturfreunden und Wanderlustigen angezogen. Heinrich Heine begeisterten das Licht und die Flußtäler. Ilse, Bode, Ecker und Oder entspringen am Fuß des Brockens. »Und vor mir schwebte die Sonne, immer neue Schönheiten beleuchtend«, schrieb Heine in seiner »Prinzessin Ilse« nach dreißigtägiger Harz-Wanderung.

Über der Fachwerkstadt Stolberg im Südharz erhebt sich das Schloß

Das märchenhafte Mittelgebirge ist tatsächlich ein Naturereignis. Kein deutsches Waldgebiet hat so viele Stauseen wie der Harz. Nirgendwo findet man so viele gut erhaltene mittelalterliche Städtchen wie hier: die Kaiserpfalz Goslar, das 1000jährige Quedlinburg, und auch durch Wernigerode und Stolberg schlendert man wie durch ein offenes Geschichtsbuch. Historische Geschichten wie auch sagenhafte Erzählungen ranken sich um jeden Ort, um jeden Harzer Wanderweg. Sei es die Roßtrappe, der bizarr geformte Klippenzug der Teufelsmauer, der Hexentanzplatz oder gar der im Südwesten gelegene Kyffhäuser, wo der rotbärtige Kaiser

Barbarossa der Sage nach auf seine irdische Rückkehr wartet. Immerhin sitzt er ja schon seit 1896 in 81 Meter Größe in Sandstein gehauen auf dem gleichnamigen Burgberg. An Wochenenden strömen hier bis zu 30.000 Touristen hoch, um einen Hauch mittelalterlicher Geschichte zu erfahren. Ebensoviele mögen an sonnigen Sonntagen aber auch den Fernblick vom Brocken genießen. Der Harz gilt an Feiertagen wie Ostern, Pfingsten, 1. Mai als Deutschlands Freizeiteldorado Nummer 1 – überlaufen, überlastet, übergeschnappt. Wer kann, sollte sich andere Besuchstage aussuchen, um entweder auf Schusters Rappen oder in nostalgischen Dampfzügen Hunderte von landschaftlich reizvoll bis spannende Routen zu erleben. Felsklippen, Tropfsteinhöhlen, gespenstische Burgen, tiefe Wälder, Stauseen, romantische Täler und die technischen Museen aus alter Bergweltzeit bieten einen bunten Erlebnishorizont. Und wer nicht ganz so wählerisch, verwöhnt oder bequem ist, der sollte sich insbesondere im Ostharz umsehen. Hier ist noch nicht jedes Hotel und Restaurant aus den alten DDR-Zeiten auf Hochglanz gebracht. Dafür trifft man den sogenannten *Vor-Wende-Charme* in kleinen Cafes, auf einsamen Wanderwegen und vor allem in der Gastfreundlichkeit der hiesigen Harzer.

Übrigens: Hotels wie Restaurants sind in diesem Wanderführer in die Kategorien preiswert, mittel und gehoben eingeteilt. »Preiswert« steht bei Gaststätten für Speisen unter 15 DM, »mittel« für unter 25 DM und »gehoben« ab 25 DM pro Person. Bei den Übernachtungsmöglichkeiten steht »preiswert« bei bis zu 50 DM, »mittel« bei bis zu 90 DM und »gehoben« bei mehr als 90 DM für ein Doppelzimmer.

Wandermöglichkeiten

Über 8.000 km bestens gepflegte und ausgeschilderte Wanderwege bieten zu jeder Zeit Orientierung, Grenzen und Ziele an – mittlerweise nicht nur im Oberharz, dem einstigen »Westen«, sondern immer mehr auch im Unterharz, dem ehemaligen DDR-Gebiet. Die meisten Touren sind Tageswanderungen, relativ leicht und kinder-, also familienfreundlich, und die Wanderungen, die sich von ihrem Angebot und ihren Anforderungen her besonders für Kinder eignen, sind mit einem 👣-Symbol im Inhaltsverzeichnis und bei der Tour gekennzeichnet.

Der dickste Brocken ist natürlich der »alte Vater Brocken« . Dort wollen alle hinauf, da oben *muß* man auch das phantastische Panorama einmal gesehen haben. Millionen leisteten hier aber schon vergebliche, schweißtreibende Liebesmüh'. Denn das Klima ist dort oben meist windig, regnerisch. Wolken verschwinden hier zugunsten einer unvergeßlichen Sichtweise gerade mal an etwa 80 Tagen im Jahr. Glück muß man haben, das man aber unten beim Start noch nicht zu erkennen vermag.

Die gespenstische Schönheit der Baumruinen »Auf dem Acker« ist durch einen Orkan entstanden

Doch die »Brocky-Mountains« bieten nicht nur 1142 Meter einsame Spitze, sondern ein Mittelgebirge mit unterschiedlichsten Landschaftsformen. Ob auf dem nach Osten abfallenden Hochplateau des Unterharzes, ob in den sanften Tälern und Auen des Südharzes, ob entlang der vielen Stauseen oder in den schroffen Tälern des Nordharzes – überall findet man wundervolle, ja sogar *überraschend* schöne Wandergebiete. Das Bodetal, das Selketal, das Siebertal oder das Ilsetal sind in den Sommermonaten häufig so überlaufen, daß man Angst um seine eigenen Treter haben muß. Doch zwischen den Massenströmen findet man selbst in der Hochsaison fast menschenleere Pfade, die zu einsamen Kirchen, gemütlichen Raststätten und gespenstischen Burgen führen – wie zum Beispiel der gar nicht mühselige Karstwanderweg zwischen Osterode und Walkenried am Südharz entlang. Hier ist auch jedes Motorrad und jedes Auto mehr als überflüssig, im Nationalpark Hochharz rund um den Brocken sowieso verboten.

Der Nationalpark (Hoch-)Harz

Es kam zusammen, was zusammengehört: Um die urwüchsig ursprüngliche Natur des östlichen Hochharzes zu schützen und zu bewahren, setzte das damalige DDR-Umweltministerium am 1. Oktober 1990 noch schnell den Beschluß zur Gründung des Nationalparks »Hochharz« in Sachsen-Anhalt in Kraft. Etwa 6.000 Hektar zwischen Schierke und dem Eckertal rund um den »dicken Brocken« wurden unter Schutz gestellt. Am 1. Januar 1994 kam dann im benachbarten Niedersachsen der »Nationalpark Harz« hinzu. Seine knapp 16.000 Hektar erstrecken sich von Bad Harzburg im Norden über die Hochlagen bis nach Herzberg und zum Oder-Stausee im Südharz. Damit wurde nach der Wiedervereinigung erfolgreich verhindert, daß der Massentourismus diese einzigartige Naturlandschaft mit den Hochmooren am Brocken, den Moorfichtenwäldern, der Zwergstrauchheide und den reizvollen Flußtälern hätte zerstören können. Bereits 1907 hatte Hermann Löns beklagt: »Brockenfahrer kamen in hellen Haufen – ganze Bündel Brockenblumen in den Händen«. Damals kamen erst 100.000 Besucher pro Jahr aufs Brockenplateau, 1996 aber waren es bereits über zwei Millionen! Deswegen gelten ein strenges Wegegebot, ein noch strengeres

Parkgebot sowie ein straffes Umwelt- und Abfallgesetz. Der somit eingeführte »sanfte Tourismus« ergänzt die natürliche Entwicklung dieses Nationalparks, in dem eine Nutzung der Naturgüter nicht zulässig ist. Also keine Jagd, keine Rodung, keine Holzwirtschaft. Und durch die Brockenbahn wird heute der Massentourismus *kanalisiert* und das einzigartige Biotop geschont.

Pflanzen- und Tierwelt

Einen botanischen Garten, so groß wie der Harz, gibt's den? Ja, natürlich – eben den ganzen Harz. Nachdem der Bergbau im Mittelalter Unmengen von Buchenwälder »schluckte«, wurde glücklicherweise allüberall die Fichte aufgeforstet. Glücklicherweise steht der gesamte Harz schon lange vor Beginn des Nationalparks unter Landschaftsschutz. Zwischen Drei-Annen-Hohne und Schierke wie auch vom Großen Winterberg bis zum Großen Sandtal darf kein Mohrenfalter, Storchenschnabel, Dickkopffalter oder eine sonstige Wiesenblume gepflückt werden. Wanderer müssen sich strengstens an die Wege halten, nur mit den Augen dürfen sie lustvolle Seitensprünge in die reiche Natur machen, zu Fingerhut,

Die Bode zwischen Altenbrak und Wendefurth

Adonisröschen oder Federgras. Auch die Tierwelt ist vor Jägern und Wilderern sicher. Auerwild im Laubenwald, die Hohltaube im Buchengehölz, Wasseramsel und Eisvogel in den glasklaren Gebirgsbächen sind keine Seltenheit. Im Garten Eden namens Harz tummeln sich zuhauf auch Fischreiher, Feuersalamander, alle Spitzmausarten, das 1906 hier angesiedelte Muffelwild sowie Unke, Hirschkäfer, Schwarzkittel, Damwild – und Fuchs und Hase sowieso. Über den Köpfen der Wandersleute fliegen Wanderfalke, Hohltaube oder Bergadler. Natur pur zwischen

Bergseen, Buchenwäldern und Blumenwiesen...

Bergbau und Wasserregal

Als man an Saar und Ruhr noch nichts von Kohle und Kumpel wußte, da war der Bergbau im Oberharz bereits entscheidend für die Besiedelung sowie den wirtschaftlichen Aufschwung. Kaiser und Könige finanzierten mit den reichen Erz-, Silber- und Kupfervorkommen des Harzes ganze Heere und Kriege. Das tausendjährige Reich unter den Wäldern zwischen Rammelsberg über St. Andreasberg bis nach Sangershausen und Lautenthal läßt sich heute auf sogenannten »Bergbau-Wanderwegen« (z. B. bei St. Andreasberg) und in zahlreichen Bergwerkmuseen (z. B. in Clausthal-Zellerfeld, Rammelsberg, Wildemann, Elbingerode oder Lautenthal) anschaulich nachvollziehen. Silber soll bereits Ende des 10. Jahrhunderts bei Goslar gefunden worden sein. Spuren aus acht Jahrhunderten Kupferschieferabbau können im Röhrigschacht bei Sangerhausen besichtigt werden. Und eine Urkunde aus dem Jahr 1203 erwähnt bereits ein Eisenbergwerk am Wurmberg. Im 14. Jahrhundert stoppte die Pest den Abbau der Naturschätze für 200 Jahre.

Im 16. Jahrhundert erlebte der Bergbau eine neue Blüte, die Kumpel aus dem Erzgebirge brachten das neue Know-how mit.

Damals wurde auch das *Wasserregal* verliehen. »Regal« hieß »Königsrecht« und bedeutete für Adlige, auf einem bestimmten Abschnitt Bergbau betreiben und das umliegende Wasser nutzen zu dürfen. Letzteres war das sogenannte »*Wasserregal*«. Bereits im 16. Jahrhundert löste man das Problem, daß immer stärkere Wassermengen die Gruben füllten, durch den Bau von Wasserlösungsstollen. Um ans tiefergelegene Erz zu gelangen, mußte man dann *Förderpumpen* (vertikale Fließbänder mit angehängten Eimern) einrichten, die durch umgeleitete Wasserfälle angetrieben wurden. Dafür wiederum legte man insbesondere zwischen dem 16. und 19. Jh. insgesamt 89 Teiche und Gräben an, die heute als »Oberharzer Wasserregal« ein attraktives Wanderziel sind. Im Gegensatz zu Rhein und Ruhr hatten die Harzer Glück: Nachdem sämtliche Stollen und Gruben ausgebeutet waren, konnten sie sich ihr Naturparadies im 20. Jh. als Touristenziel ausbauen und so die Zahl ihrer Arbeitsplätze sogar noch steigern.

1 In die Sagenwelt des Barbarossa

Tourenlänge
18 km, mit Variante Barbarossahöhle 20 km

Durchschnittliche Gehzeit
6 Stunden, mit Variante 8 Stunden

Etappen
Bad Frankenhausen – Pfützental – Rennweg – Tilleda – Kyffhäuser – Langes Tal – Kalktal – Bad Frankenhausen

Steigung
300 Höhenmeter

Eignung für Kinder
Ab 8 Jahren

Interessantes am Weg
Kyffhäuser-Denkmal und Barbarossahöhle; die Königspfalz mit Freiluftmuseum; das Panoramamuseum in Bad Frankenhausen mit einem 123 x 14 m großen Ölgemälde am Schlachtberg

Wegstruktur
Überwiegend Feld- und Waldwege, Forststraßen mit Schotter

Wegmarkierung
Grünes Dreieck, grüner Balken, gelbes Viereck, blaues Kreuz

Gleich die erste Wanderung soll uns etwas dem Mystischen, Mysteriösen und Märchenhaften des Harzes näherbringen. Nicht die Hexen, sondern ein echter deutscher Kaiser namens Friedrich I. Barbarossa treibt uns Wanderern im südöstlichsten Harzeckchen wohlige Schauer über den Rücken. Soll er doch tief im Inneren des Kyffhäuser-Höhlensystems schlafen und nur alle 100 Jahre erwachen, um sodann einen Zwerg zu fragen, ob denn immer noch die Raben um den Berg flögen. Leider fliegen sie auch heute noch. Und so wird Barbarossa wohl in diesem Jahrtausend nicht mehr in unsere Welt zurückkehren, um bessere Zeiten einzuleiten.

Dennoch – auch ohne Kaiserwetter gilt eine Wanderung von dem hübschen Städtchen Bad Frankenhausen aus als genußvoller Zeitsprung ins frühe Mittelalter. Von der Oberkirche und am Panoramamuseum vorbei führt ein mit grünem Dreieck markierter Weg durch hellen Wald in nördlicher Richtung langsam aufwärts. Nach der Gedenkstätte des Bauernkrieges und dem großen Parkplatz gehen wir nun über Wiesen und durch einen lichten Birkenmischwald auf einen Grat zu. Jetzt kommt das große Auf und Ab, zunächst steil abwärts ins liebliche Pfützental. Ebenso ungefährlich, aber dennoch viel mühseliger ist danach der steile Aufstieg ins Kyffhäusergebirge. Noch mehrmals geht es leicht auf und ab mit einer roten Balken-Markierung, bis wir nach einer scharfen Linksabbiegung über einen Hohlweg zum Waldrand kommen und dort das Bächlein Wolweda überqueren. Durch Kirschenplantagen sehen wir bereits oberhalb Tilledas die alte Königspfalz.

Nachdem wir das Freiluftmuseum besichtigt haben, wandern wir ein kleines Stückchen auf selbigem Weg zurück, um dann der gelbquadratigen Markierung am linken Hang des Kyffhäusers zu folgen. Schon von weitem kann man das mächtige Denkmal erspähen, das 1890 – 96 in den Ruinen der alten Reichsburg aus rotem Sandstein in 81 Meter Übergröße errichtet worden war. Alleine die Kaiserkrone ist 6,6 Meter hoch. Hier also hatte Barbarossa (1152 – 1190) eine der größten deutschen Burganlagen erbauen lassen. Nach der kaiserlichen Blütezeit sowie der seiner Nachfolger im 13. Jh. verfiel die Burg; heute sind nach den Ausgrabungen nur noch Reste der einstigen Größe zu bewundern.

Von hier oben – 439 m Höhe insgesamt – dürfen wir uns nach

dem historischen Abstecher beim Rückweg zunächst einmal mit dem schönen Anblick des Langen Tals begnügen. Entlang der Wegmarkierung blaues Kreuz an den Kautersbergen vorbei, gehen wir einige Meter auf der Kyffhäuser-Querstraße, bis wir zum Rathsfelder Jagdschloß kommen. Hier geht die Variante zur Barbarossahöhle ab, ein historisches »Muß« sozusagen (siehe Variante).

Vom Jagdschloß, das Ende des 17. Jh. die Fürsten Schwarzburg-

Rudolstadt erbauen ließen, führt unser Wanderweg in südöstlicher Richtung durch eine grüne Waldgegend, »weiße Küche« genannt. Hernach kommt man durch das Naturschutzgebiet beim Kalktal bis zu einem Waldrand, wo das *Waldschlößchen* steht. Parallel zum Kalktal zieht es uns nun wieder nach Bad Frankenhausen, durch den Stadtpark an den Ausgangspunkt zurück.

Variante: Selbstverständlich darf man diese historische Exkursion nicht ohne die berühmte Barbarossahöhle beenden. Die Abzweigung geht vom Jagdschloß der Siedlung Rathsfeld ab entlang der Landstraße nach Steinthaleben, dann links 900 m gen Süden entlang des Waldes. Die Barbarossahöhle ist mit 2,4 ha eine der größten Gipshöhlen Europas. Sie wurde 1865 zufällig entdeckt, als Bergleute nach neuem Kupferschiefer suchten. Damals war die Barbarossasage schon allgemein verbreitet. Man installierte 1895 elektrische Beleuchtung, etablierte Kaiserstuhl und -tisch in dem »Tanzsaal« und hatte so neben dem grünschimmernden Grottensee und der »Hexenküche« noch eine Fremdenverkehrsattraktion mehr im Kyffhäusergebirge. Zurück zum Rathsfelder Schloß, um dort den bereits beschriebenen Weg aufzunehmen.

Die Rotunde mit dem Kolossalgemälde Werner Tübkes bei Bad Frankenhausen

Informationen zur Tour

 Ausgangsort
Bad Frankenhausen

 Zielort
Wie Ausgangsort

 Anfahrt
Mit der Bahn über Roßleben oder von Sonderhausen. Mit dem Pkw auf der B 85 über Nordhausen bzw. aus Richtung Weimar

 Rückfahrt
Hier nicht nötig

 Einkehrmöglichkeit
Restaurant »Kaiserhof«, Franken-häuserstr. 1, 06567 Bad Franken-hausen, Tel. 03 46 51/65 31 (mittel)

 Übernachtung
Hotel »Barbarossa«, Am Stausee, 06537 Kelbra, Tel. 03 46 51/61 25, Fax 42 33 (mittel)

 Öffnungszeiten
• Kyffhäuser-Denkmal tgl. 9–17 Uhr (Mai–Sept. bis 19 Uhr), Tel. 03 46 71/ 7 17 16, Fax 7 17 19. Barbarossahöhle, Führungen tgl. 9–16.30 (Mai–Sept. 8–17.30 Uhr).
• Panoramamuseum, Am Schlacht-berg 9, 06567 Bad Frankenhausen, Di–So 10–17 Uhr.

• Freiluftmuseum Königspfalz Tilleda, tgl. 10–18 Uhr (Nov.–März nur Mo–Fr 10–16 Uhr), Tel. 03 46 51/29 23

 Auskunft
Verkehrsamt Bad Frankenhausen, 06567 Bad Frankenhausen, Anger 14, Tel. 03 46 71/7 17 17, Fax 7 17 19

 Karte
Wanderkarte »Der ganze Harz«, mit den Wegmarkierungen des Harzclubs e.V., RV-Verlag. Maßstab 1 : 50 000; in jeder Buchhandlung, an fast jedem Harzer Kiosk

In dem schlichten Schloßbau von Bad Frankenhausen ist das Kreis-heimatmuseum untergebracht

2 Stadtrundgang durch die Kaiserstadt Goslar

Tourenlänge
4–5 km

Durchschnittliche Gehzeit
Je nach Kultur-Lust und Laune, ab ca. 2 Std

Etappen
Rundgang

Steigung
Keine

Eignung für Kinder
Mit Kleinstkindern besser nicht in jede Kirche und jedes Museum gehen

Interessantes am Weg
Neuwerkkirche, Jakobikirche, Stephanikirche, Breites Tor, Gildehaus, Rathaus, Marktkirche, Domvorhalle, Kaiserpfalz, Frankenberger Kirche, Mönchehaus, das Zinnfigurenmuseum und der Dicke Zwinger

Wegstruktur
Teerstraßen und Kopfsteinpflaster

Wegmarkierung
Keine

Eine Stadtwanderung wie die durch Goslar gilt eher als Höchstanstrengung für Augen und Gehirnwindungen denn für die Waden. In der »Tausendjährigen Kaiserstadt« mit dem 1992 verliehenen UNESCO-Prädikat »Weltkulturerbe« erzählen verschiedenste Gilde-, Bürger- und Fachwerkhäuser sowie romanische Kirchen und prächtige Renaissancepaläste über die große Geschichte des Abendlandes. Zwei Drittel aller Gebäude in der Altstadt wie auch das erst 1988 geschlossene Silberbergwerk Rammelsberg vor den Stadttoren stehen unter Denkmalschutz. Goslar verdankt seine heutige architektonische Schatzkammer dem Glück, daß es im 2. Weltkrieg nicht zerbombt wurde. Die Goslaer Altstadt inmitten einer mächtigen Stadtmauer mit zehn Türmen ist für die 46.000 Einwohner ein recht lebendiges Museum mit vielen kleinen Geschäften und Bars in winkeligen Gassen. Da viele Besucher mit dem Zug kommen, starten wir unseren Rundgang am Bahnhof. Hier gibt es auch einen riesigen Parkplatz für Pkw-Anreisende. Ansonsten gilt natürlich: Die Bummeltour durchs Goslaer Mittelalter kann man beliebig beginnen und enden. Sich einfach ziellos durch die Fachwerkgas-

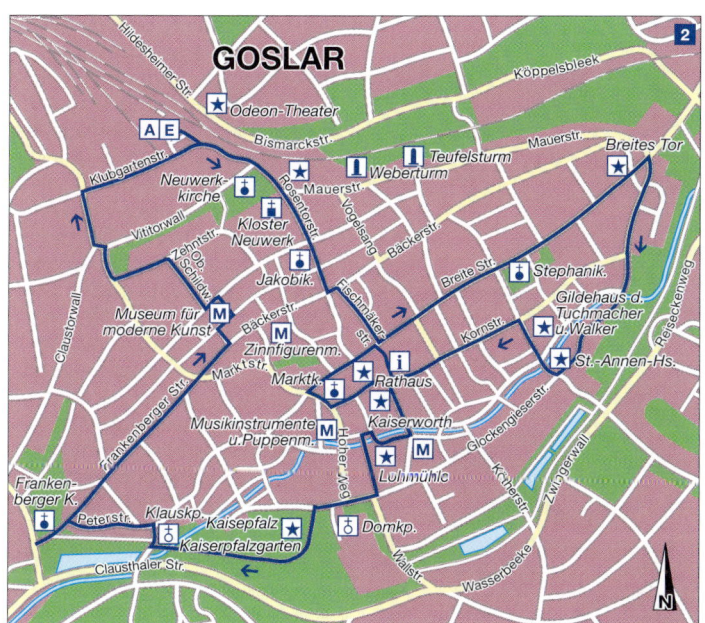

sen der Altstadt treiben lassen, soll die schönste aller Bummeltouren sein.

Durch die Rosentorstraße linker Hand des Bahnhofes kommen wir bereits an der *Neuwerkkirche* und dem dicken Stadtturm Achtermann vorbei bis hin zur katholischen *Jakobikirche*. Beide romanischen Gotteshäuser sind die ältesten Kirchen der Stadt. Wenn man hinter dem Karstadt-Kaufhaus dann links in die Fischmäkerstraße einbiegt, sieht

man schon in 200 m Entfernung den berühmten Marktplatz. Doch zunächst wollen wir der Breiten Straße ihre Parade der Fachwerkpaläste abnehmen. Rechter Hand die barocke *Stephanikirche*, vor uns dann die vier dicken Türme des *Breiten Tors*. Hier drehen wir um und spazieren über die Glockengießerstraße entlang der alten Stadtmauer am kunstvoll gestalteten Bürgerhaus *St. Annenhaus* vorbei bis zur Schielenstraße,

19

wo das berühmte *Gildehaus* der einst so mächtigen Tuchmacher und Färber zu finden ist.

Von hier aus über die Kornstraße kommen wir nun endlich zum *Marktplatz*. Von allen Seiten historische Elemente: etwa das *Glockenspiel* in der Kämmerei mit Darstellungen der Bergbaugeschichte Goslars (Figurenumlauf tgl. um 9, 12, 15 und 18 Uhr). Oder das einstige Gildehaus der Textilkaufleute: die mit Kaiserfiguren verzierte rote *Kaiser Worth*. Oder der in der Mitte des Marktplatzes vergoldete Reichsadler über dem Brunnen als gußbronzene Demonstration des 13. Jh. über Glanz und Gloria Goslaer Kaiserherrlichkeit. Und natürlich als Hauptobjekt das spätgotische *Rathaus* von 1450. Im Inneren der Huldigungssaal mit einmaligen Wandgemälden und der beeindruckenden Kassettendecke. Im angeschlossenen Museum kann man das weltberühmte »*Goslaer Evangeliar*« (13. Jh.) bewundern, aber auch die silberne *Bergkanne*, ein Meisterwerk von 1477.

Am Hohen Weg 1, unweit der Marktkirche mit ihren zwei verschiedenen Turmhauben, steht das eigenartigste Gebäude der ganzen Stadt, »*Brusttuch*« genannt. Viele Schnitzereien schmücken das fachwerkliche

Am Markt zu Goslar steht das Gildehaus »Kaiser Worth« mit seinen schönen Arkaden

20

Hotel. Darunter die »Butterhanne«, eine Magd, die sich selbst in den Po zwackt und somit heute auf den städtischen Prospekten zum Wahrzeichen erkoren wurde.

Vom Marktplatz gen Süden spaziert man über den Hohen Weg bis zum gewaltigen Hospizbau *Großes Heiliges Kreuz*. Rechts biegt man nun in die Kaiserbleek ein, um endlich zu den eigentlichen historischen Höhepunkten des Rundweges zu gelangen – der *Kaiserpfalz* (hier hilft nur separates Informationsmaterial weiter) sowie der Domkapelle. Durch die Neue Straße führt es uns dann zur Frankenberger Kirche. Bei der Küsterin am Eingang erhält man den Schlüssel zur Besichtigung. Danach geht es über die Frankenberger Str. sowie die Bäckerstr. links in die Mönchstr. hinein zum *Mönchehaus,* einem schönen Bürgerpalast, der heute dem Museum für Moderne Kunst zum Vorzeigen von Beuys-, Max-Ernst- und Vasarély-Werken dient.

Von hier aus bummelt man am besten durch die Untere Schildwache und über die Zehntstraße langsam in Richtung Bahnhof zurück. Oder man startet am Marktplatz aufs Neue – denn es gibt ja noch so viel zu sehen in der Kaiserstadt, wenn man Zeit hat…

Die Fachwerkhäuser in den Gassen Goslars sind bis zu 500 Jahre alt

Informationen zur Tour

🚶 Ausgangsort (Start)

Bahnhof Goslar

🚶 Zielort (Ziel)

Wie Ausgangsort

🚗 Anfahrt

Sehr gute Bahnverbindungen aus allen Himmelsrichtungen. Per Pkw von der Autobahn E 45 über die Bundesstraße 82 bzw. von Osten über die B 6, aus dem Süden über die B 243, dann B 241

🍴 Einkehrmöglichkeit

Reichlich viele, z. B. »Das Brusttuch« in einem 450 Jahre alten Patrizierhaus im Zentrum, Hoher Weg 1, 38640 Goslar, Tel. 0 53 21/3 46 00, Fax 34 60 99 (mittel)

🛏 Übernachtung

Viele wunderschöne Fachwerkhotels, beispielsweise »Zur Börse«, 400 Jahre alt, Bergstr. 53, 38640 Goslar, Tel. 2 27 75, Fax 1 84 37 (mittel)

🏛 Öffnungszeiten

Alle wichtigen Museen, das Rathaus wie auch die Kaiserpfalz öffnen tgl. von 10–17 Uhr, von Nov.–März nur bis 16 Uhr. Das Möncheshaus (Museum für Moderne Kunst, Tel. 2 95 70) öffnet Di–Sa 10–13 und 15–17 Uhr, So 10–13 Uhr. Die Kirchen haben je nach Glaubens- und Gottesdienstordnung unterschiedliche Öffnungszeiten. Infos dazu aktuell bei der Touristen-Information bzw. telefonisch: Domvorhalle Stiftskirche (70 43 58); Frankenberger Kirche (2 25 66); Neuwerkkirche (2 28 39); St.-Annen-Kapelle (2 47 62); Marktkirche (2 29 21); Jakobikirche (2 35 33); Klosterkirche Grauhof (8 48 96); St.-Stephani-Kirche (2 26 47)

ℹ️ Auskunft

• Tourist-Information, Markt 7, 38640-Goslar, Tel. 0 53 21/28 46, Fax 2 30 05 (geöffnet Mo–Fr 9–18, Sa 9–14 Uhr). • Rammelsberger Bergbaumuseum, Bergtal 19, Tel. 0 53 21/3 43 60, Fax 34 36 30 (Grubenfahrten tgl. 9–16.15 Uhr) • Taxi Tel. 13 13 oder 2 22 22; Zugauskunft 2 49 00; Wetterdienst Tel. 0 53 21/2 00 24 • Harzer Verkehrsverband, Marktstr. 45, Tel. 3 40 40, Fax 34 04 66

📖 Karte

Stadtplan, z. B. von »Falk« (in jeder Buchhandlung, an fast jedem Goslaer Kiosk)

🧭 Variante

Individuelle Stadtführungen (Tel. 0 53 21/28 46), ab Marktplatz für 7,– DM pro Pers. Mit dem Taxi oder dem Stadtbus zum Rammelsberger Bergbaumuseum zwecks Grubenfahrt in die Silberminen

3 Auf bergbaulichen Spuren

Tourenlänge
18 km

Durchschnittliche Gehzeit
Ca. 5 Stunden

Etappen
Straßberg – Rieschengraben – Frankenteich – Josephskreuz – Kiliansteiche – Poetenweg – Straßberg

Steigung
380 m Höhenunterschied

Eignung für Kinder
Ab 8 Jahren

Interessantes am Weg
Bergbaumuseum, Grubenteiche Rieschen und Malinius, Josephskreuz

Wegstruktur
Überwiegend Feld- und Waldwege, Forststraßen mit Schotter

Wegmarkierung
Meist gelber Punkt, einmal rotes Kreuz

Den Harz zu bereisen, ohne etwas über seinen Bergbau zu erfahren, heißt, eigentlich gar nicht richtig dort gewesen zu sein: *Straßberg* im Unterharz,

abseits im idyllischen Selketal gelegen, gibt seinen Besuchern dazu reichlich Gelegenheit. Das Dörfchen mit der riesigen Dorflinde neben dem denkmalgeschützten Kirchlein lebte seit 1462 vom Silber- und Erzbergbau. Heute bietet es mit seinem *Bergbaulehrpfad* eine ideale Kombination aus reizvoller Naturwanderung verbunden mit interessantem Anschauungsmaterial. Lustwandelnd erfährt man hier im Vorübergehen alles über dieses Spezialgebiet. Das Bergwerksmuseum in der denkmalgeschützten Grube Glasebach zeigt handbehauene Felsen, funktionierende natürliche Lichtlöcher sowie die Methoden des Flußspatbergbaus.

Vom Museum aus verläßt man zunächst einmal das naturschöne *Glasebachtal*, das ob seiner Unberührtheit den Kontrast mit den

himmelwärtsstürmenden Förder-
türmen gelassen aushält. Unter
Tage wird dem gebückten Wanderer jetzt die Straßberger Umgebung erklärt, aber vor allem
in Bezug auf Flöze, Gruben
und Bewässerungssysteme. Die
meisten Wanderfreunde sind
richtig erleichtert, wenn sie aus
dem dunklen Untergrund heraus-
kommen, um den informativen
Tafeln des Bergbaulehrpfades
weiter zu folgen.

Hinter dem Sportplatz spazieren
wir nun entlang des 1610 angelegten Rieschengrabens und am
idyllischen Maliniusteich (1703)
vorbei direkt auf dem grasbewachsenen Damm. Bei jedem
Schritt kann man frühere Stein-
und Eisenarbeiten sehen.

**In manche der ehemaligen Berg-
werke des Harzes kann man mit
der Grubenbahn einfahren**

Von weitem erblickt man schon
den Auerberg, während man
auf dem bereits 1902 angelegten Wanderweg entlang des
Frankenteiches spaziert. Doch es
ist noch ein hübscher kleiner
Anstieg durch Wald und Wiesen, bis man auf dem hier mit
einem roten Punkt markierten
Weg die 579 m erklettert hat.
Oben auf der Josephshöhe findet man zwei Attraktionen vor:
Einmal das größte eiserne Doppelkreuz der Welt, das Josephskreuz, welches man über 200
Stufen besteigen kann. Und dann
eben von hier oben das herrliche Panorama über den ganzen
Südharz, vom Kyffhäuser im
Süden bis hin zum Brocken im
Nordwesten. Soviel Anstrengung verdient eine Ruhepause
und Brotzeit im gemütlichen
Gipfelstüberl »Josephshöhe«.
Gestärkt und ausgeruht beginnen wir den Abstieg auf rot-
kreuz-markiertem Waldweg gen
Schindelbruch und über den
Straßberger Stadtweg zurück.
Nun kommt wieder der mit dem
gelben Punkt markierte Bergbaulehrpfad. Rechter Hand erblicken wir den Frankenteich,
vor uns die beiden Kiliansteiche.
Durch den Kiliansgrund und am
Maliniusteich vorbei kommen
wir zur Heiligenbergsquelle und
zur Vierlingsfichte. Nun wandert
man auf dem Poetenweg weiter

durch ein altes Haldengebiet der Silbererzgrube vorbei. Doch Schatzsucher haben keine Chance mehr, der Schimmer trügt das müde Wanderauge, das nun endlich wieder den Straßberger Kirchturm als Anfangs- und Endziel entdeckt.

Informationen zur Tour

 **Ausgangsort**
Straßberg, Gaststätte »Bergschenke« im Unterdorf

 **Zielort**
Wie Ausgangsort

Beim Besuch der alten Bergwerksstollen darf man keine Angst haben

Anfahrt
Am besten mit der Selketalbahn. Mit dem Pkw aus dem Norden über die B 185, aus West und Ost über die B 242, hinter Harzgerode per Landstraße ausgeschildert. Vom Süden bei Roßla von der B 80 gen Straßberg abbiegen

Einkehrmöglichkeit
In den Straßberger Dorfgasthäusern »Lindenhof« oder »Bergschänke« (preiswert)

Übernachtung
In den vielen kleinen Familienpensionen, z. B. bei Pension Michael Nett,

06493 Straßberg, Hauptstr. 201 (preiswert). Buchung über Tel. 03 94 89/2 04

Öffnungszeiten
Bergwerksmuseum Grube Glasebach, Mai – Nov. Di – Fr 10 – 15 Uhr, Sa/So 10 – 17 Uhr. Fachkundige Führungen nach Voranmeldung unter Tel. 03 94 89/2 26

 Auskunft
Tourist-Information, 06493 Straßberg, Tel. 03 94 89/2 04, Fax 201.

Karte
Wanderkarte »Der ganze Harz«, mit den Wegmarkierungen des Harzclubs e.V., RV-Verlag. Maßstab 1 : 50 000

4 Der Klassiker für »Grenz-gänger«

Tourenlänge
17 km

Durchschnittliche Gehzeit
6 ½ Stunden

Etappen
Schierke – Feuersteinklippen – Glashüttenweg – Brockenbett – Brockengipfel – Eckersprung – Goetheweg – Torfhaus

Steigung
595 Höhenmeter

Eignung für Kinder
Ab 10 Jahren

Interessantes am Weg
Brockenmuseum (mit histori-schen und topographischen Exponaten rund um den Brocken), der Brockengipfel und Goethes Försterei in Torf-haus

Wegstruktur

Überwiegend steinige und hol-perige Wege, teils Betonplatten, teils Eisenbahnbohlen

Wegmarkierung
»Glashüttenweg«- und »Goetheweg«-Schilder sowie gelbe Markierung bzw. roter Punkt im weißen Dreieck

Viel Geröll, Nebengeräusche et-licher mitwandernder Brocken-stürmer und Reste ehemaliger DDR-Grenzmarkierungen be-gleiten uns auf diesem Weg. Der Klassiker aller Harzrouten – von Schierke über den Brockengipfel bis zum Torfhaus – führt mitten duch das Herz jüngster deut-scher Geschichte. Goethe hatte es sich noch bequem gemacht, als er am 10. Dezember 1977 erstmals bei Eis und Schnee in Begleitung des Försters Degen die 8,5 km in guten vier Stun-den zum Brockengipfel zurück-legte. Er startete nämlich bereits in 811 Metern Höhe in Torfhaus, hatte also nur einen Höhenun-terschied von 331 Metern zu be-wältigen. Das einstige Forsthaus ist heute der umgebaute Gasthof »Zum alten Torfhaus« und letzter »Rettungsanker« vieler erschöpf-ter Gipfelstürmer, die sich von Schierke aus die 595 Höhenme-ter über 17 km zumuteten. Wo-bei man über 11 km nur eine mittlere Steigung von 5,5 % zu bewältigen hat.

»Hexlich willkommen« – so wird der Besucher im einstigen DDR-Nobelort Unter- und Ober-schierke bereits am Ortsschild einfühlsam begrüßt. Das hüb-sche Fachwerk-Rathaus ist mit-lerweile wundervoll renoviert, einige ältere Grandhotels noch nicht. Vom Startplatz am Bahnhofskiosk gehen wir über den Bahnparallelweg (Brockenbahn) der gelben Markierung nach zu den echten Feuersteinklippen. Bereits Goethe hat sie erwähnt, doch nicht erstiegen. Durch einen kleinen Wald über eine schotterige Forststraße gelangt man auf den Glashüttenweg. Von der über Eisensteigen leicht zu erkletternden Plattform Ahrensklint kann man schon den Brockengipfel sehen, wenn es Petrus und Wolkendecke zulassen sollten. Auch der in Niedersachsen liegende Wurmberg wird sichtbar, von dem aus einst die Amerikaner ihre elektronischen Horcher und Botschaften in Richtung DDR ausstrahlten. Früher, als die DDR-Schützen potentielle Flüchtlinge noch in die Irre leiten wollten, standen hier »Glashütten«-Wegweiser meist in der verkehrten Richtung. Jetzt läuft man keine Gefahr mehr, sondern kommt durch eine wilde Landschaft verkrüppelter Fichten und riesiger Felsbrocken sicher zur Schutzhütte am Brokkenbett und auf die Brockenchaussee. Nachdem wir nochmals die Gleise der Brockenbahn überqueren, wandern wir nur noch durch Krüppelwuchs, Strauch- und Steinlandschaft dem Gipfel entgegen. Ein alter Grenzzaun soll uns an die Vergangenheit mahnen.

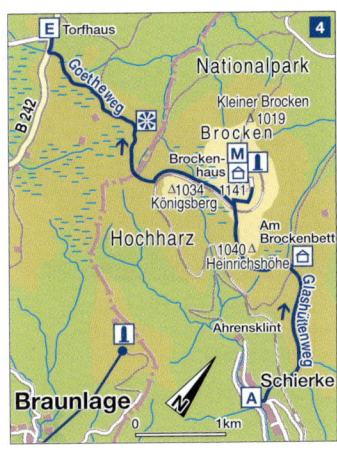

Hoch droben fasziniert einen das Gewirr aus ehemaligen GUS-Truppen-Baracken (bis 1993!), den Imbißständen, dem unter Denkmalschutz stehenden Grenzwachturm sowie dem 60 m hohen Antennenmast, den einst die DDR als Lauschposten gen Westen benutzte. In dieser unbewachsenen steinernen »Mondlandschaft« hätte man gar nichts zu suchen, wenn da nicht der phantastische Ausblick über Deutschlands größten Nationalpark wäre.

Wir genießen den langsamen Abstieg auf dem eigentlichen Goetheweg in Richtung Königsberg-Berg (1034 m hoch), ein gemütlicher Spazierweg parallel zum Abbegraben, der die um-

Von der Plattform der Klippen »Ahrensklint« kann man den Brocken sehen

liegenden Hochmoore entwässert. Zwei hohe Antennenmasten (ausrangierte West-Hörgeräte) weisen uns den Weg nach Torfhaus zu eben dem Forsthaus, an dem einst Goethe startete und das heute – frisch renoviert – dem Wanderer am Ziel die verdiente Erfrischung garantiert.

Informationen zur Tour

 Ausgangsort

Schierke

 Zielort

Torfhaus

 Rückkehr

Entweder den gleichen Weg als Abstieg oder vom Bahnhof Brockenplateau runter mit der Brockenbahn,

bzw. per Bus oder Taxi von Torfhaus aus zurück nach Schierke

 Anfahrt

Mit dem Pkw von Goslar über Bad Harzburg auf der B 4, von Herzberg und Bad Lauterberg über die B 27 nach Braunlage und Schierke. Oder mit der Brockenbahn von Wernigerode

 Einkehrmöglichkeit

In Schierke viele Möglichkeiten. Auf dem Gipfel beim »Brockenwirt«, Brockenstr. 49, Tel./Fax 03 94 55/ 2 68 (mittel)

 Übernachtung

Kleinere Pensionen für 35 DM inkl. Frühstück in Schierke oder im ehemaligen goethischen Forsthaus in Torfhaus, im Gasthof »Zum Alten Torfhaus«, Tel. 03 94 55/2 22 (preiswert)

 Öffnungszeiten

Brockenmuseum, Brockenstraße in 38879 Schierke, Tel. 03 94 55/2 02, tgl. 9.30 – 17 Uhr

 Auskunft

Kurverwaltung Schierke, Brockenstraße 10, 38879 Schierke, Tel. 03 94 55/3 10, Fax 4 03

 Karte

Wanderkarte »Der ganze Harz«, mit den Wegmarkierungen des Harzclubs e.V., RV-Verlag. Maßstab 1 : 50 000

5 Der Kaiserweg von Bad Harzburg zum Brocken

Tourenlänge
11 km

Durchschnittliche Gehzeit
5 Stunden

Etappen
Bad Harzburg – Kaiserweg – Molkenhaus – Scharfensteinklippe – Hermannsklippen – Bismarckklippen – Brockenhaus

Steigung
830 Meter Höhenunterschied

Eignung für Kinder
Ab 10 Jahren

Interessantes am Weg
Burgberg mit drei Kaiser-Schlössern; »Märchenwald« gegenüber der Bergstation Molkenhaus mit Wildfütterung

Wegstruktur
Überwiegend Forststraßen mit Schotter sowie auch auf alten DDR-Betonplattenstraßen

Wegmarkierung
Meist blaues Kreuz auf weißem Feld

Bad Harzburg hat einen Golfplatz, eine Pferderennbahn, ein Reitsportgelände, einen Autobahn- und Intercity-Anschluß, einen Zauberberg (257 m) gleich neben der Pfarrgasse, eine Großkabinen-Seilbahn, ein urgemütliches bis luxuriöses Hotel- und Restaurant-Angebot, Sole-Therme und Kurkonzerte, eine Spielbank, eine Bummelallee mit Luxusgeschäften und, und, und... sowie den Brocken in Sichtweite. Harz, was willst Du mehr? Doch der Weg von hier quer durch den Nationalpark zum höchsten Harzer Berg ist der »dickste Brocken« unter allen Wanderrouten, weil er einen Höhenunterschied von gut 800 Metern auf der »nur« 11 km langen Route aufweist. Vermutlich hat exakt auf diesem Weg schon Heinrich Heine kräftig schwitzen müssen. Bis zum 2. Weltkrieg war dies auch die beliebteste Wanderstrecke derjenigen, die meist per Bahn aus Hamburg, Berlin oder Hannover anreisten. Heutzutage sollten anreisende Pkw-Fahrer besser nicht auf dem Bergbahnparkplatz parken, da hier die Zeitbeschränkung teuer wird. Besser und billiger ist's, wenn man auf den etwas weiter südlich gelegenen Großparkplatz ausweicht und dann mit der Bergbahn hinauffährt.

Jawohl, wir beginnen unsere Wanderung ganz bequem erst auf dem 483 m hohen Burgberg. Denn hier oben erfahren Sie einen Großteil großer deutscher Geschichte. Gleich drei Kaiser residierten hier: Heinrich IV. war der 1. Erbauer im 11. Jh., dann Barbarossa und später Otto IV. Die Burg bot im Dreißigjährigen Krieg den Harzschützen Rück-

halt und Schutz. Heute wandelt man in den Ruinen und versteht beim weiten Rundblick über den Harz die strategische Wichtigkeit dieser einstigen Festungsanlage.

Vom Burgberg leicht abwärts und entlang dem kleinen Ettersberger Bach geht's nun zum Molkenhaus (524 m) hinauf. Eine gemütliche Raststätte mit großem Spielplatz für Kinder und einem kleinen Zoo.

Etwas weiter südlich an der Muxklippe stoßen wir auf den Ecker-Fluß, wandern auf weichem, mit einem roten Dreieck markierten Sandweg bis zur großen Eckertalsperre und halten uns dann links, um entlang des Stausees auf blaumarkierten Pfaden weiter zur Scharfensteinklippe zu gelangen, wo noch eine alte Grenzwächter-Kaserne vor sich hingammelt. Bei gutem Wetter sieht man den Brocken nun schon ganz nah, obwohl es noch gut fünf Kilometer aufwärts bis zur Spitze sind. Ab hier heißt der frühere Hirtenweg heute im Volksmund ganz kriegerisch »Kolonnenweg«, weil er bis 1990 zu DDR-Zeiten die Versorgungsstraße für die Militärfahrzeuge der Volks- und UdSSR-Armee gen Brocken war. Die Betonplatten auf der zum Wanderweg umfunktionierten Steigung sind nicht glatt, haben

An den Hermanns- und Bismarck-klippen läßt es sich gut rasten

ausgesparte Löcher und bieten für gute Profilsohlen einen exzellenten Halt.
Vom Scharfenstein führt der zubetonierte Hirtenstieg an den Hermannsklippen und Bismarck-klippen vorbei durch Wald und später eher Strauchwiesen bis ganz hoch hinauf über den Kleinen Brocken (1019 m) zum vielbesuchten Gipfel.

Informationen zur Tour

 Ausgangsort
Bad Harzburg

 Zielort
Brockengipfel

 Anfahrt
Per Schnellzug über Braunschweig, Göttingen oder Goslar. Per Pkw über die B 4 oder über die B 6

 Rückfahrt
Wie Anfahrt

 Einkehrmöglichkeit
Nach dem ersten Wegdrittel im Molkenhaus (Tel. 0 53 22/5 10 10, preiswert) oder am Ende oben auf dem Brocken-»Zirkus«

 Übernachtung
Von der Pension bis zum Sterne-Hotel gibt es in Bad Harzburg alles

 Öffnungszeiten
• Die Seilbahn zum Burgberg fährt tgl. in kurzen Abständen hinauf (Mitte Nov. – 20. 12. geschlossen).
• Märchenwald gegenüber der Bergbahn, ganzjährig tgl., Tel. 0 53 22/35 90. • Molkenhaus: Wanderstation mit Abenteuerspielplatz, tgl. 9–18 Uhr, jeden Freitag 19–22 Uhr Wildfütterung, Mitte Nov. –24. 12. geschlossen, Tel. 0 53 22/5 10 10, Fax 5 17 17

Auskunft
Tourist-Information im Kurhaus, Herzog-Wilhelm-Str. 86, 38667 Bad Harzburg, Tel. 0 53 22/7 53 30, Fax 7 53 33. Verkehrsverein am Bahnhof, Tel. 29 27. Zimmervermittlung Haupt, Bismarckstr. 73a, Tel. 92 80 92

Karte
Wanderkarte »Der ganze Harz«, RV-Verlag. Maßstab 1:50 000

6 Graben-wanderung bei Altenau

 Tourenlänge
13 km

 Durchschnittliche Gehzeit
5 Stunden

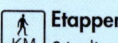 **Etappen**
Stieglitzecke – Okerstein – Grabenhaus – Dammhaus – Großes Wehr – Hammerstein – Stieglitzecke

 Steigung
Geringe, unbedeutende Anstiege

 Eignung für Kinder
Ab 6 Jahren

 Interessantes am Weg
Altenauer Heimatmuseum, die Gräben und Dammläufe

 Wegstruktur
Überwiegend Feld- und Waldwege, Forststraßen mit Schotter.

 Wegmarkierung
Grünes Dreieck und blauer Balken

Es muß ja nicht immer der Brocken sein. Auch wenn er noch so prominent und nur 12 km

Luftlinie westlich von Altenau entfernt liegt. Denn direkt südlich der 5000-Seelen-Gemeinde findet man ein mindestens ebenso interessantes Wandergebiet – das »Regal«-Labyrinth, ein für den Bergbau lebenswichtiges System künstlich angelegter Wassergräben. »Regal« heißt Königsrecht und erlaubte im Mittelalter den Grubenbesitzern, so viele Teiche, Gräben und Flußläufe einzurichten bzw. zu benutzen, wie sie deren Wasser zum Antrieb der großen Räder und Seilschaften brauchten, um das Sickerwasser aus den Gruben herauspumpen zu können.

Wir starten von der höchsten Erhebung der ganzen Route, vom Wanderparkplatz der Stieglitzecke (796 m), in Richtung Norden mit grünem Dreieck-Kennzeichen. Über eine Brücke bei der Branderklippe wandern wir durch lichten Wald bis zum Quellgebiet der Oker an der Philippsbrücke. Die hier liegende Felsgruppe **Okerstein** kann man ruhig als eine leichte Kletterübung betrachten und ungefährdet angehen. Nach weiteren ca. 20 Minuten dem grünlichen Gustav-Baumann-Weg entlang stoßen wir erstmals auf ein »Regal«-Objekt, auf den **Dammgraben**, dem wir in Fließrichtung folgen. Nun treffen wir auf

Von der Mauer der Oker-Talsperre blickt man einerseits auf den Stausee, andererseits in das tiefe Okertal

das »Grabenhaus Rose« – einst Wohnhäuser der Grabenwärter – von dem aus man einen romantischen Blick über die Wiesen bis hin nach Altenau hat. Wer sich davon trennt, kommt wenig später zur »Eisenquelle« – Trinkwasser pur. Nachdem wir die B 498 überquert haben, gelangen wir zum Zusammenfluß von Dammgraben und Mergenbrochtaler Graben, um wenig später im »Grabenhaus« eine kleine Erfrischung zu uns zu nehmen. Nun führt uns die Blaue-Balken-Markierung gute drei Kilometer

weit durch Wald und Wiesen zum »Großen Wehr«, wo die Söse die Regal-Gräben mit Wasser speist.
Jetzt müssen die Wadenmuskeln nochmal strapaziert werden, denn es geht ziemlich stark bergauf. Durch einen engen Waldweg kommen wir unterhalb der Hammerstein-Klippen (ein kleiner Abstecher hinauf lohnt wegen der schönen Aussicht!) zum Sösenstein. Und nach einer weiteren langen Steigung haben wir dann wieder unseren Startplatz Stieglitzecke erreicht.

Informationen zur Tour

 Ausgangsort
Stieglitzecke

 Zielort
Wie Ausgangsort

 Anfahrt
Mit dem Pkw über die B 498.
Vom Altenauer alten Bahnhof am
Westrand des Ortes führt über die
Rothenberger Straße eine gut aus-
geschilderte Landstraße (bzw. Bus-
linie) zum Stieglitzecker Groß-
parkplatz

 Rückfahrt
Wie Anfahrt

 Einkehrmöglichkeit
Bauernbuffet mit Wurstgalgen und
gutbürgerlicher Küche im Gasthaus

**Nach trockenen Sommern kann
sich der Spiegel des Oker-Stausees
deutlich senken**

»Zum Bären«, Kleine Oker 5, 38707
Altenau, Tel. 0 53 28/7 00, Fax
81 28 (mittel)

 Übernachtung
Viele gemütliche Familienpensionen
oder das fachwerkliche Hotel »Alte
Mühle«, Am Mühlenberg 1, 38707
Altenau, Tel. 0 53 28/2 08 (preiswert)

 Öffnungszeiten
Altenauer Heimatmuseum im Kurgastzentrum, Hüttenstraße 9, nur Mi
u. Sa 15 – 18 Uhr sowie So 10 – 13 Uhr,
Tel. 0 53 28/8 02 33

 Auskunft
Kurbetriebsgesellschaft, Hüttenstr. 9
38707 Altenau, Tel. 0 53 28/80 20,
Fax 8 02 38

 Karte
Wanderkarte »Der ganze Harz«,
mit den Wegmarkierungen des
Harzclubs e.V., RV-Verlag. Maßstab
1 : 50 000

7 Auf der Alten Harzstraße von Goslar nach Hahnenklee

Tourenlänge
17 km

Durchschnittliche Gehzeit
6 Std.

Etappen
Goslar/Nonnenberg – Hessenkopf – Margaretenklippen – Granebach – Hahnenklee – Auerhahn – Alte Harzstraße – Goslar

Steigung
270 Höhenmeter

Eignung für Kinder
Ab 8 Jahren

Interessantes am Weg
Goslar (siehe Tour 2); Stabkirche Hahnenklee in der Bauform der Wikingerschiffe, die einzige in Deutschland; Edelsteinmuseum und der Bocksberg-Hahnenklee; Paul Linckes Grabstätte auf dem Waldfriedhof Hahnenklee

Wegstruktur
Überwiegend Feld- und Waldwege, Forststraßen mit Schotter

Wegmarkierung
Blaues Kreuz und blaues Dreieck

Über die UNESCO-geschützte Weltkultur-Kaiserstadt der Salier und Staufer haben wir bereits bei der zweiten Tour viel durch die »Stadtwanderung Goslar« erfahren können. Dort, wo der Nonnenweg als B 82 im südlichen Goslar auf die Clausthaler Straße einmündet, beginnen wir unsere Wanderung auf dem Nonnenbergweg gen Süden durch die *Hessenkopfwiesen* und das *Schlüsseltal*. Bereits hier finden wir die Zeugnisse der Alten Harzstraße – tiefe, ausgegrabene Wagenspuren in einem noch halb verschütteten Hohlweg. Auch von dem links liegenden Rasthaus Sennhütte und unterhalb der Margaretenklippen sieht man noch etliche Hohlwege abzweigen, die einst als als Erztransportwege aus dem Gosetal hier hinaufführten. Auf der 1826 erbauten Harzchaussee passieren wir sodann die Ratsschiefergruppe sowie das frühere Schieferbergwerk Glockenberg. Immer wieder begleiten uns linker und rechter Hand die deutlich erkennbaren Hohlwege. Dem geteerten Weg folgend, erreicht man nun den Kilometerstein 2,2, von wo nur 20 Meter abseits eine überdeutliche doppelte Wagenspur einen Hohlweg markiert. Auch starke Trittsiegel von Pferden sind ersichtlich. Am Parkplatz Glockenberg vorbei

Vom Steinberg blickt man über Goslar hinweg zum Sudmerberg und zu den stillgelegten Hüttenwerken von Oker.

geht es weiter auf der alten Harzchaussee, immer rechts von uns die Spuren der »Alten Harzstraße« . Durch das liebliche Granebachtal kommen wir dann zum Bocksberg nach Hahnenklee.

Der 728 m hohe Bocksberg hat ein Ausflugslokal, ist mit einer Seilbahn zu erreichen und bietet neben einem interessanten Edelsteinmuseum einen noch interessanteren Ausblick über den Nordharz. Am Fuße des Bocksberges sollte man sich schon zwei Stunden extra für den sym-pathischen Ort Hahnenklee gönnen. Der Komponist Paul Lincke (»Das ist die Berliner Luft, Luft, Luft...«) fühlte sich hier so wohl, daß er seinen Lebensabend in Hahnenklee verbrachte und 1946 auf dem Waldfriedhof beigesetzt wurde. Im Ortsteil Bockswiese fasziniert die nordische Stabkirche, einmalig in ihrer Wikingerarchitektur. Und dann gibt es in der Nähe des weißblauen Fachwerk-Rathauses auch noch den Stadtteil Schalke. Die Leser aus dem Ruhrpott-Schalke sollten jetzt mal *weglesen,* denn hier heißt Schalke so, weil es sich um einen »*schalen Berg*« handelt, wo es weder Erz noch Kohle zu holen gab.

Gleich hinter Hahnenklee führt der mit blauem Dreieck markierte Rückweg an der historischen Berghütte »Auerhahn« vorbei wiederum zu markanten Hohlwegen mit den schönsten Huf- und Wagenspuren, die alle liebevoll ausgegraben und geschützt wurden. Durch Wiesen und Kiefernwald geht es nun langsam abwärts in Richtung Goslar. Rechter Hand des Campingplatzes Sennhütte überqueren wir die Gose und können auf einer Schautafel entdecken, daß wir exakt oberhalb des Oker-Grane-Stollens einherwandern. Die letzten 1000 Meter bis zum Ausgangspunkt Nonnenberg fallen daher besonders leicht, weil man beim Durchqueren der Wiesen und beim Anblick des historisch einmalig schönen Goslars weiß, daß man oberirdisch ja seinen aufrechten Gang behalten darf.

Informationen zur Tour

 Ausgangsort

Goslar-Nonnenberg

 Zielort

Wie Ausgangsort

 Anfahrt

Alle wichtigen Bahnverbindungen. Per Pkw von Leipzig – Halle über die B 6, aus Nord und West über die B 82, von Süden auf der B 241

 Rückfahrt

Wie Anfahrt

 Einkehrmöglichkeit

Große Auswahl in Goslar und Hahnenklee. Auf der Strecke recht urig in der Gaststätte »Zum Auerhahn« am Auerhahn kurz vor Hahnenklee

 Übernachtung

In Goslar und Hahnenklee Pensionen und Hotels jeder Preisklasse. Besonders hübsch das Hotel »Walpurgishof«, Am Bocksberg 1,

38619 Hahnenklee, Tel. 0 53 25/ 70 90, Fax 30 81 (gehoben)

 Öffnungszeiten

• Stabkirche: Saisonale Öffnungszeiten, zu erfragen unter Tel. 0 53 25/ 51040. • Edelsteinmuseum: Bocksberg 2, 38619 Hahnenklee, Tel/Fax 0 53 25/34 88, tgl. 10 – 17 Uhr

 Auskunft

Kurverwaltung Hahnenklee, Kurhausweg 7, 38644 Hahnenklee, Tel. 0 53 25/5 10 40, Fax 5 104 20

 Karte

Wanderkarte »Der ganze Harz«, mit den Wegmarkierungen des Harzclubs e.V., RV-Verlag. Maßstab 1 : 50 000

8 Von Bad Grund nach Lautenthal und Wildemann

 Tourenlänge
Ca. 18 km

 Durchschnittliche Gehzeit
Ca. 6 Std.

 Etappen
Bad Grund – Hübichenstein – Lautenthal – Wildemann – Schweinebraten – Iberger Tropfsteinhöhle

 Steigung
Nicht erwähnenswert

 Eignung für Kinder
Ab 8 Jahren

 Interessantes am Weg
Erlebnishotel Waldwinkel Bad Grund, wo man mit Eseln ausreiten oder sogar einen Hexenbesen-Führerschein machen kann. Bergbaumuseum Knesebeck. Iberger Albertturm mit sommerlicher Schneeballschlacht. Sagen- und Märchental Bad Grund. Die 350 Millionen Jahre alte Iberger Tropfsteinhöhle

 Wegstruktur
Überwiegend Feld- und Waldwege, Forststraßen mit Schotter

 Wegmarkierung
Grüner Balken, gelber Balken, blauer Punkt und grünes Dreieck

Bad Grund wirbt als »Kleinod im Harz« oder auch als »Kleines Königreich«. Grund genug dafür hat der hübsche »Fünftäler«-Ort allemal. Das Glockenspiel am Marktplatz der einstigen Waldarbeiter-Siedlung ist besonders sehenswert und der beste Startplatz für unsere streßfreie, unangestrengte Wanderung in durchschnittlich 510 m Höhe über dem Meeresspiegel. In nördlicher Richtung über den Paradiesweg gehen wir zunächst aber in den Untergrund von Bad Grund, nämlich in die sagenhaft erleuchtete Tropfsteinhöhle. 85 Meter unter der Erde wandeln wir zwischen Stalagmiten und Stalaktiten hindurch, um hernach auf grünmarkiertem Balken-Weg am Albertturm wieder dem Himmel und einer schönen Aussicht näher zu sein. Bis zum Hübichenstein am lustigen Waldquizpfad vorbei und weiter am Fuße des bewaldeten Hasenbergs, dann mündet der grüne Balken-Weg in den mit dem gelben Balken. Beide Markierungen weisen uns die Richtung zur Schutzhütte am Futterplatz, hernach wieder nur der grüne Balken auf kurvenreichem Wege ins Tal der »Innerste«. Von hier sieht man den kleinen, stillen Fachwerkort Lautenthal, der eine hübsche Barockkirche und ein Silberbergwerksmuseum (Tel. 0 53 25/ 44 90) vorzeigen kann. Nach der Hälfte unseres Wanderweges gehen wir nun entlang des Innerstetales weiter abwärts, dem blauen Balken folgend, bis nach Wildemann in den Ortskern hinein. Durch den hübschen, zwischen Bergwiesen gelegenen Kneippkurort hin-

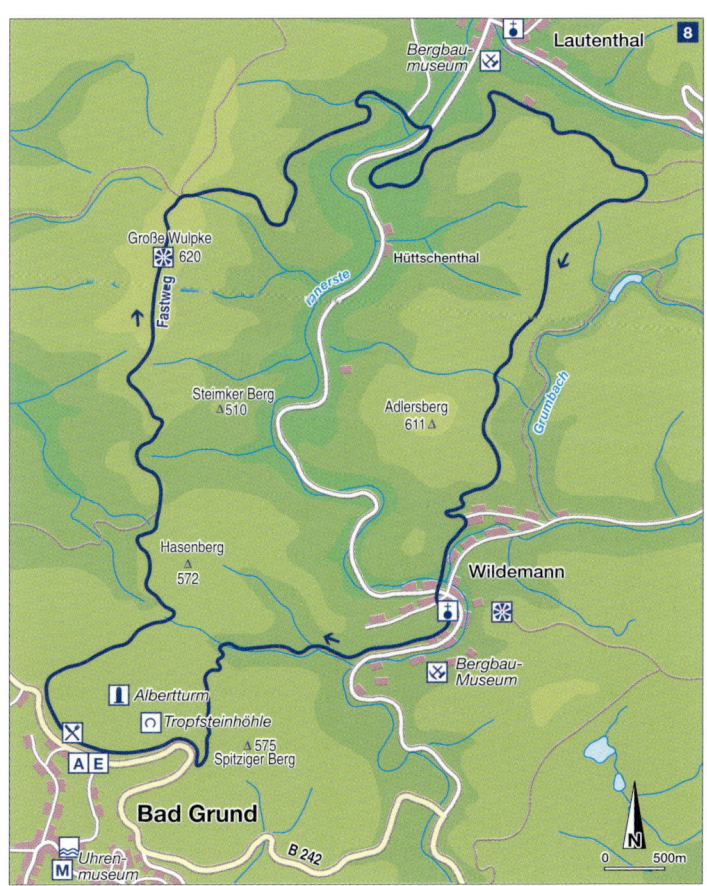

durch halten wir uns links und folgen dem grünen Dreieck bis zum Schweinebraten. Nicht, daß es hier den zu essen gäbe, vielmehr ist dies nur eine Superkreuzung von fünf verschiedenen Wanderwegen. Wir nehmen den Unteren Ibergweg und gelangen bald zum Start-/Zielplatz.

Östlich von Wildemann befindet sich die Untermühle als gemütliche Hotel-Waldgaststätte

Informationen zur Tour

 Ausgangsort
Bad Grund

 Zielort
Wie Ausgangsort

 **Anfahrt**
Per Bahn nach Kreiensen, Seesen oder Goslar. Per Pkw aus dem Norden über die A 7 und Abfahrt Seesen weiter auf der B 243. Aus dem Osten über Hasselfelde, Braunlage auf der Harzhochstraße B 242. Aus dem Westen über die Autobahn Dortmund – Kassel, dann A 7 und Abfahrt Seesen

 Rückfahrt
Wie Anfahrt

 Einkehrmöglichkeit
Sehr viele in Bad Grund, Lautenthal und Wildemann. Gemütlich ist's im

historischen Cafe »Waldmühle«, Laubhütte 16, 37539 Bad Grund, Tel. 0 53 27/29 49, außer Do 12 – 22 Uhr (preiswert)

 Übernachtung
Das Erlebnishotel »Waldwinkel« war einst Standort der Harzer Eseltreiber, die die bergmännische Bevölkerung mit Lebensmitteln versorgten. Heute gibt es auch Eselausritte und Gelegenheiten zum Hexenbesen-Führerschein: Im Waldwinkel 1, 37539 Bad Grund, Tel. 0 53 27/ 12 80, Fax 28 14 (preiswert)

Öffnungszeiten

• Iberger Albertturm, tgl. außer Fr, jeden Sonntag im Sommer Schneeballschlacht, oberhalb der Tropfsteinhöhle, Tel. 0 53 27/15 35.
• Iberger Tropfsteinhöhle, Am Rohland 4, 37539 Bad Grund, Tel. 0 53 27/26 65 oder 700780, tgl. 9 – 15.30 Uhr außer Mo. • Bergbaumuseum Knesebeck, Knesebecker Weg 1, Bad Grund, Tel. 0 53 27/ 2826, Di – So 10 – 16 Uhr.
• »Sagen- und Märchental«, gleich hinterm Teufelstal in Bad Grund,

Tel. 0 53 27/24 18 oder 17 55, nur von Mai – Okt. Di – So von 10 – 17 Uhr

 Auskunft

• Kurhaus, Elisabethstr. 1, 37539 Bad Grund, Tel. 0 53 27/7 00 70, Fax 70 07 70; • Fremdenverkehrsheim Bohlweg 5, 38709 Wildemann, Tel. 0 53 23/61 11, Fax 61 12

 Karte

Wanderkarte »Der ganze Harz«, mit den Wegmarkierungen des Harzclubs e.V., RV-Verlag. Maßstab 1 : 50 000

In Lautenthal erinnert das Hüttenmuseum an die Zeiten des Erzbergbaues im Zeichen der »Bergfreiheit«

9 Zwischen Sagen, Hexen und Märchen

 Tourenlänge
20 km

 Durchschnittliche Gehzeit
6 Std.

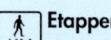 **Etappen**
Thale – Hexentanzplatz – Roßtrappe – Bodetal – Treseburg – Birkenkopf – Thale

 Steigung
Unerheblich

 Eignung für Kinder
Ab 8 Jahren

 Interessantes am Weg
Der sagenhafte Hexentanzplatz mit dem Museum »Walpurgishalle«; der große Tierpark am Hexentanzplatz; das wundervolle »Harzer Bergtheater« mit schönen Märchenaufführungen

 Wegstruktur
Überwiegend Feld- und Waldwege

 Wegmarkierung
Roter Punkt, dann blaues Dreieck

Der Hexentanzplatz, die gegenüberliegende Roßtrappe und die Walpurgishalle sind natürlich für den 15 000-Seelen-Ort Thale die große Touristenattraktion. Und zwar nicht nur in der Walpurgisnacht zum 1. Mai jeden Jahres. Am besten, man beginnt seine Wanderung im Thaler Friedenspark neben dem Hauptbahnhof, geht per Roter-Punkt-Markierung über die Gebirgs- sowie Jägerstraße zur Talstation der Sesselbahn und fährt gemütlich zu den Wahrzeichen des Harzes, den Kultstätten heidnischen Brauchtums hinauf. Unbedingt sollte man sich in der schon 1901 erbauten Walpurgishalle die Gemälde von Professor Hermann Hendrich zu Goethes Faust und der Walpurgisnacht ansehen.

Von den in der Nähe der Walpurgisgaststätte gelegenen Aussichtspunkten hat man einen herrlichen Überblick über die Stadt Thale sowie über das wilde Bodetal und zur Roßtrappe hinüber. Die heißt so, weil einst der Sage nach die liebliche Tochter des Riesenfürsten, *Brunhilde*, den böhmischen Königssohn Bodo nicht heiraten wollte. Bereits im Hochzeitskleid und mit der Krone auf dem Kopf flüchtete sie in letzter Minute zu Pferde. Doch Prinz Bodo hinterher. Als Brunhildes Pferd über eine tiefe Schlucht sprang, fiel die Krone in den Fluß und das Pferd hinterließ beim Aufsetzen auf der anderen Seite einen so tiefen Abdruck, daß die Stelle Roßtrappe genannt wurde. Und der Sage nach stürzte Prinz Bodo eben hier in die Tiefe, weswegen der Fluß Bode heißt. Und während wir nun von der Roßtrappe langsam ins schöne Bodetal heruntersteigen, entdecken wir eine gewaltige Felslandschaft, in der der Fluß seine Wassermassen regelrecht durchpeitscht. Am Gasthaus Hirschgrund spannt sich die 1927 gemauerte Jungfernbrücke darüber. Gelegentlich führt der Weg in diesem engen Tal nun über Stege. Das wilde Rauschen läßt uns naturnaher denn sonstwo den Harz erleben. Glücklicherweise keine Sage ist es, daß auch heute noch Waschbären, Wanderfalken, Schwarzstörche, Mauersegler und Feuersalamander in diesem geschützten Paradies leben.

Kurz vor Treseburg wird das Tal etwas weniger felsig, weniger rauschend und lieblicher. Beim

Im Bodekessel ist die Bode streckenweise wie in einen Cañon eingezwängt

Aussichtspunkt Weißer Hirsch blicken wir auf das Bodetal wie auch auf Treseburg, das sich in seiner Fachwerkarchitektur nicht von vielen anderen Harzdörfern unterscheidet. Direkt am Ortsrand kehren wir um und wandern der blauen Dreiecks-Markierung entlang nun flußabwärts durch das anfangs weite Bodetal. Vorbei am Dambachtal, am Kästental und am Großen Taschengrund erreichen wir nach einem langsamen Aufstieg den 102 m hohe Kesselrücken. Von hier fasziniert der Blick nach unten ins wilde Wasser wie auch der zum Roßtrappenmassiv hinüber. Etwas steil abwärts führt der Weg über die Teufelsbrücke und dann wieder gemächlich an der Schurre und am Katersteg vorbei bis zur Seilbahn-Talstation und zurück zum Startplatz im Friedenspark von Thale.

Informationen zur Tour

 Ausgangsort

Thale

 Zielort

Wie Ausgangsort

 Anfahrt

Per Pkw von Norden, Osten oder Westen über die B 6 bzw. B 185; von Süden auf der Harzhochstraße B 242 bei Hasselfelde bzw. Allrode auf der Landstraße gen Norden. Per Zug über Magdeburg – Quedlinburg bzw. Bad Harzburg – Wernigerode

 Rückfahrt

Wie Anfahrt

 Einkehrmöglichkeit

• »Haus Hirschgrund« im Bodetal, Hirschgrund 1, 06502 Thale, Tel. 0 39 47/27 26. • Biergarten »Köhlersiedlung«, Hexentanzplatz (nur Apr. – Okt.), Tel. 0 39 47/22 12

 Übernachtung

Sehr viele Möglichkeiten in Thale

Aber warum nicht gleich im Berghotel »Hexentanzplatz«, Hexentanzplatz 1, 06502 Thale, Tel/Fax 0 39 47/22 12 (mittel)

 Öffnungszeiten

Tierpark: ganzjährig 9 – 18 Uhr.; Museum »Walpurgishalle«, April – Sept. 10 – 17 Uhr

 Auskunft

• Thale-Information, Rathausstraße 1, 06502 Thale, Tel. 0 39 47/25 97, Fax 22 77; Kabinenbahn Thale, Goetheweg 1, Tel. 0 39 47/25 00, Fax 26 45; Harzer Bergtheater, Hexentanzplatz 2, 06502 Thale, Tel. 0 39 47/23 24, Fax 6 13 16.
• Kurverwaltung Treseburg, Ortsstr. 24, 38889 Treseburg, Tel. 0 394 56/2 23

 Karte

Wanderkarte »Der ganze Harz«, mit den Wegmarkierungen des Harzclubs e.V., RV-Verlag. Maßstab 1 : 50 000

Am Hexentanzplatz stehen hoch über Thale mächtige Granitfelsen

10 Zwischen »Groß-vater« und »Teufels-mauer«

Das 60 m über Blankenburg gelegene »Große Schloß« bietet einen aussichtsreichen Rastplatz

Tourenlänge
6 km

Durchschnittliche Gehzeit
2 Std., mit Innenstadt Blankenburg und Variante etwa drei Std. mehr

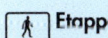
Etappen
Helsunger Krug – Hangweg – Blankenburg – »Großvater« – Felsgrat und zurück

Steigung
Ca. 100 m

Eignung für Kinder
Ideal ab 8 Jahren

Interessantes am Weg
Museum Kleines Schloß und der barocke Schloßgarten von Blankenburg; Variante zur Burgruine Regenstein mit 32 erhaltenen Felsräumen und phantastischen mittelalterlichen Raubritter-Festspielen

Wegstruktur
Überwiegend Feld- und Waldwege, später gut gesicherte Felssteige

Wegmarkierung
Blauer Punkt, Variante grüner Punkt

Die außergewöhnlich schöne Lage des 750 Jahre alten Blankenburgs lädt zu einer wirklich geruhsamen, unangestrengten Familienwanderung mit vielen Einkehrmöglichkeiten und einem sagenhaften Kletterspaß entlang der Teufelsmauer ein. Das Große Schloß (leider 1997/98 wegen Renovierung geschlossen) oberhalb der fachwerklichen Altstadt überragt diese liebliche Nordharz-Landschaft, die bereits Goethe, Kleist und auch Hans Christian Andersen sowie Caspar David Friedrich begeisterte.
Mit dem Stadtbus bzw. Pkw zum Parkplatz »Helsunger Krug«, wo man diese Wanderung am besten startet und in Richtung Wald geht. Dann wieder links, über eine Lichtung und leicht aufwärts bis hin zum Grat sowie den Nordhangweg. Diese erste

45

Etappe ist extrem einfach, so daß wir am Ortsrand **Blankenburg** bei der Raststätte »Großvater« (schöner Blick von der Terrasse) eher kurz verweilen und einen nur wenige hundert Meter langen Abstecher über die Hasselfelder Straße in die Altstadt machen. Gleich linker Hand liegt das Kleine Schloß (1735 vom Braunschweiger Herzog Ludwig Rudolf als Sommerresidenz er-

baut). Es beherbergt ein Heimatmuseum und wird umschlossen von einem herrlichen barocken Terrassengarten. Hoch droben sieht man das »Große Schloß«, das gerade renoviert wird. Nur wenige Schritte vom Schloßpark entfernt kommt man zum Rathaus, das 1584 auf gotischen Resten im Renaissancestil neu erbaut wurde. Eingemauerte Kanonenkugeln erinnern an den Beschuß der Stadt während des dreißigjährigen Krieges.

Durch kleine Gassen unterhalb des Schloßbergs kommen wir wieder zur Raststätte »Großvater«, von wo aus wir nun mit der blauen Punkt-Markierung entlang der **Teufelsmauer** eine kleine abenteuerliche Kletterpartie gen Osten beginnen. Eine bizarre Felslandschaft, in der unser Weg durch Leitern, Stege, Seilsicherungen und Haken gesichert ist. Wir steigen über Felsspitzen und klettern durch Felsengen und über Grate, immer wieder eine neue, spannende Aussicht vor uns. Rund zweieinhalb Kilometer geht es so bis zur Spitze der »Teufelsmauer«, wo uns der einmalige Rundblick mit allen vorherigen unbegründeten Ängsten wieder versöhnt.

Nun wird der Weg wieder sanfter, einfacher und führt uns abwärts am »Sautrog«-genannten Felsen zum nördlichen Hang-

Das Rathaus zu Blankenburg besitzt alle Merkmale der Renaissance: Treppe, Portal, Wappen, Turm und Volutengiebel

weg. Das letzte Stück des Weges bummeln wir nun durch Wiesen bis zum Startplatz Helsunger Krug.

Informationen zur Tour

 Ausgangsort

Parkplatz »Helsunger Krug«

 Zielort

Wie Ausgangsort

 Anfahrt

Per Pkw über Magdeburg und Quedlinburg bzw. von Braunschweig über Wernigerode auf der B 6, von Süden auf der B 27 oder B 81. Per Bahn über Bad Harzburg bzw. Quedlinburg

 Rückfahrt

Wie Anfahrt

 Einkehrmöglichkeit

Restaurant »An der Teufelsmauer«, Timmenröder Str. 2, 38889 Blankenburg, Tel. 0 39 44/41 00, Fax 51 15 (mittel)

 Übernachtung

»Kurhotel Fürstenhof«, mit Jahrhundertwende-Charme und luxussanierten Zimmern, Mauerstr. 9, 38889 Blankenburg, Tel. 0 39 44/9 04 40, Fax 2 99 (gehoben)

 Öffnungszeiten

• Festung Regenstein, Tel. 0 39 44/6 12 90, Mai-Okt. tgl. 9–18 Uhr, Nov.–April nur Mi–So 9–16 Uhr;
• Museum Kleines Schloß, Tel. 0 39 44/26 58, Di–Sa 10–17 und So 14–17 Uhr

 Auskunft

Kurverwaltung Blankenburg, Tränkestr. 1, 38883 Blankenburg, Tel. 0 39 44/28 98, Fax 40 11

Karte

Wanderkarte »Der ganze Harz«, mit den Wegmarkierungen des Harzclubs e.V., RV-Verlag. Maßstab 1 : 50 000

 Variante

Auf halbem Weg während der Blankenburger Stadtbesichtigung vom Kleinen Schloß aus auf dem mit einem grünen Punkt markierten Weg in Richtung Norden am Bahnhof vorbei: ca. 3 km bis zur Burgruine Regenstein

11 Von Clausthal durch den Oberharz nach Osterode

Tourenlänge
14 km

Durchschnittliche Gehzeit
4 Std.

Etappen
Clausthaler Marktkirche – Pixhaier Teich – Buntenbockteich – Söse-Stausee – Eulenburg – Osterode

Steigung
266 m Höhenunterschied

Eignung für Kinder
Ab 6 Jahren

Interessantes am Weg
In Clausthal die Technische Universität mit einer der größten Mineraliensammlungen der Welt; das international gerühmte Bergwerksmuseum und die Marktkirche »Zum Heiligen Geist«. Die Osteroder Altstadt und das Ritterhaus sowie die Vogelstation

Wegstruktur
Überwiegend Feld- und Waldwege, Forststraßen mit Schotter, teils asphaltiert

Wegmarkierung
Blaues und gelbes Dreieck

In Clausthal, dem Zentrum des Oberharzes mit dem größten Bergbaumuseum sowie der kleinsten Technischen Universität Deutschlands und den meisten künstlich angelegten Brauchwasser-Seen (über 50 !) rundherum, beginnen wir unsere Wanderung an Deutschlands größter Fachwerk-Holzkirche. »Zum Heiligen Geist« heißt sie und wurde um 1640 erbaut, mit großem Altar und imponierender Orgel. Dieses Clausthal der Superlative an der Harzhochstraße verlassen wir über den »Schlagbaum« und die Schwarzenbacher Straße in Richtung Pixhaier Teich. Bei schönem Wetter kann man den Brocken sehen.

So wie der Pixhaier sind auch die folgenden, der Schwarzenbacher, Bärenbrucher, Ziegenberger und Buntenbockteich, im 17. und 18. Jh. als Brauchwasser-Reservoirs angelegt worden. Stille, unbebaute und wildufernde Seen – ideal für Angler, Träumer und uns Wanderer. So gelangen wir durch dichte Wälder und entlang blumenbewachsener Dämme nach etwa zwei Stunden und einem langsamen Abstieg aus knapp 600 Metern Höhe zum großen Harzer Trinkwasser-Reservoir, dem Söse-Stausee (333 m).

Etwa eine Stunde lang begleitet uns nun rechter Hand das Stau-

Die Marktkirche St. Ägidien, Fachwerk und Straßencafés verbinden in Osterode Vergangenheit und Gegenwart

wasser der Söse, bis wir, am Damm und einem Campingplatz vorbei, auf einer Asphaltstraße dem Wegweiser »Vogelstation« folgen. Ein kleiner Abstecher lohnt sich wegen der großen Volieren und der vielen Freigehege, in der die ganze Harzer Vogelwelt zu bewundern ist. Hernach wandern wir auf dem linken Talrand der Söse vorbei an Eulenburg und Sägemühle in die Fachwerkstadt Osterode. Dieser 800 Jahre alte Ort hat seinen Namen nach einer Legende, bei der sich hier einst die germanische Frühlingsgöttin *Ostara* verliebt haben soll. Verlieben können sich auch Fotografenaugen in dieses kuschelige mittelalterliche Stadtbild mit der alles überragenden Marktkirche *St. Ägidien,* dem schieferverkleideten Rathausgiebel und dem Ritterhaus, in dem ein interessantes Heimatmuseum mit Nachbildungen von Tilman Riemanschneiders Werken untergebracht ist und wo wir unsere Wanderung beenden.

Informationen zur Tour

Ausgangsort
Clausthaler Marktkirche

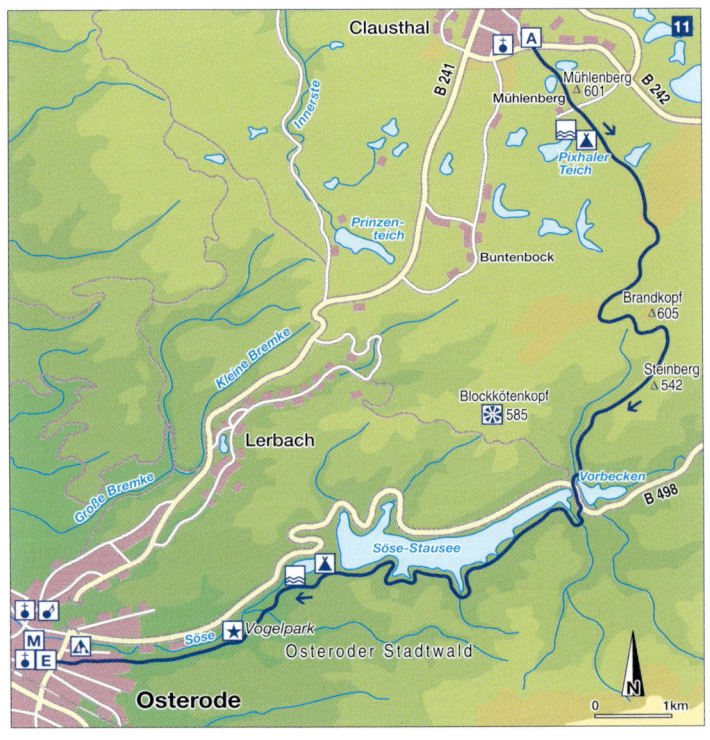

Zielort

Osteroder Ritterhaus

 Anfahrt

Mit dem Pkw aus dem Norden über Goslar bzw. aus dem Süden über Osterode auf der B 241, aus Ost und West über die Harzer Hochstraße 242

 Rückfahrt

Rückfahrt nach Clausthal mit dem Bus (mehrmals täglich)

 Einkehrmöglichkeit

»Im Bergwerksmuseum«, Restaurant mit Wildspezialitäten, Bornhardtstr. 16, 38678 Clausthal, Tel. 0 53 23/ 8 22 61, tgl. 9 – 17 Uhr (mittel)

 Übernachtung

Das Clausthaler »Wolfs Hotel«, mit Hallenbad und Drei-Sterne-Komfort, Goslarsche Straße 60, Tel. 0 53 23/8 10 14, Fax 8 10 15, (gehoben)

 Öffnungszeiten

• Clausthal: Oberharzer Bergwerksmuseum, Bornhardtstr. 16, Tel. 0 53 23/8 25 02, tgl. 9 – 17 Uhr.
• Die Technische Universität, Mineraliensammlung, Adolph-Römerstr. 2a, Mo 14 – 17 und Di – Fr 9 – 12 Uhr.
• In Osterode das Heimatmuseum im Ritterhaus, Rollberg 32, Tel. 0 55 22/31 83 33, Di – Fr 10.30 – 16 Uhr, Sa/So 10 – 12 Uhr. • Vogel-

In Clausthal steht die höchste Holzkirche Deutschlands

Station, zwischen Sösedamm und Ortsrand, Tel. 0 55 52/3 90, nur April – Nov. Mo – Sa 14 – 18 und So 10 – 18 Uhr

 Auskunft

• Kurverwaltung Clausthal-Zellerfeld, Bahnhofstr. 5a, 38678 Clausthal-Zellerfeld, Tel. 0 53 23/8 10 24, Fax 8 39 62. • Tourist-Info Osterode, Eisensteinstr. 1, 37520 Osterode, Tel. 0 55 22/31 83 32, Fax 31 82 01

 Karte

Wanderkarte »Der ganze Harz«, mit den Wegmarkierungen des Harzclubs e.V., RV-Verlag. Maßstab 1 : 50 000

12 Von Herzberg-Sieber zur Hanskühnenburg

Tourenlänge
10 km

Durchschnittliche Gehzeit
3 1/2 Std.

Etappen
Sieber – Andreasweg – Hanskühnenburg – Langfastweg – Goldlenke – Sieber

Steigung
490 m Höhenunterschied

Eignung für Kinder
Ab 8 Jahren

Interessantes am Weg
Ackermannsberg und Hanskühnenburg

Wegstruktur
Überwiegend Feld- und Waldwege, Forststraßen mit Schotter sowie auch Teerstraßen.

Wegmarkierung
Keine, nur Wegweiser zur Hanskühnenburg

Sieber ist ein nördlich gelegener Ortsteil von Herzberg, dem »Südtor« zum Harz. Bevor wir per Pkw, Taxi oder Stadtbus zum Startpunkt unserer Wanderung nach Sieber fahren, sollte man unbedingt das großartige Welfenschloß in Herzberg besuchen. Fast eintausend Jahre alt, ist es das größte fachwerklich erbaute Schloß Niedersachsens und diente *Heinrich dem Löwen* sowie vielen anderen Welfenfürsten als Jagd- oder Ruhesitz. Neben dem figurengeschmückten Glockenturm befindet sich im restaurierten Stammflügel eine große Zinnfiguren- und kulturhistorische Ausstellung. Die Besichtigung dieses Schlosses ist tatsächlich ein »Muß«, wenn man schon mal am Harzer Südrand weilt. Von der kleinen Kirche in Sieber geht man dann kurz in Richtung Herzberg den Pfad im Laubwald hinauf und folgt oberhalb der Talschlucht einem Forstlehrpfad, dem parallel mehrere hundert Vogelnistkästen aufgestellt wurden. Auch eine Holzprobenschau sowie eine guterhaltene Köhlerhütte liegen am Weg, bis man in der Hans-Susebach-Hütte sogar zu einem winzigen Heimatmuseum kommt. Weiter geht es durch Mischwald in Serpentinen langsam aufwärts, bis die Langfaststraße in die Kirchstraße und diese dann in die geologisch höchst interessante Ackermannstraße einmündet. Sie führt zwischen verwitterten Bäu-

Die Hochmoor-Landschaft »Àuf dem Acker« besitzt ihren eigenen Reiz an herber Schönheit

men und strengen Felsklippen auf dem seltenen Ackerbruch-quarzit direkt zum Ackermanns-berg, auf dem die Hanskühnen-burg in luftiger Höhe von 860 Metern steht. Eigentlich ist es gar keine Burg. Um 1900 hatte man wegen des herrlichen Pan-oramas über die Harzhochebe-ne, den Thüringer Wald und das Leinetal einen hölzernen Aus-sichtsturm gebaut, 1913 dann ei-nen aus Stein.

Von diesen Klippen und der Aussicht trennen wir uns, um von der Ackermannstraße auf einer Teerstraße abwärts in Rich-tung »Großer Kastenhai« zu kommen. Hier biegen wir vom Langfastweg links in den An-dreaweg und auf einen weichen Waldpfad ein, der uns durch

dichten Nadelwald über viele Kurven und Treppchen ins Tal der idyllischen Goldlenke führt. Dreimal überqueren wir auf klei-nen Brücken den plätschernden Waldbach, bis wir links den 561 m hohen Jakobskopf sehen, hernach zum Jakobstal gelan-gen und bereits das Kirch-türmchen von Sieber erblicken können.

Informationen zur Tour

Ausgangsort
Kirche in Sieber

Zielort
Wie Ausgangsort

Im Aufstieg zur Hanskühnenburg kann man bis zum Wurmberg schauen

 Anfahrt

Per Pkw von Norden bzw. Süden über die Schnellstraße B 243, aus Göttingen auf der B 27, von Goslar über Clausthal auf der B 241

 Rückfahrt

Wie Anfahrt

 Einkehrmöglichkeit

In Herzberg eine Vielzahl gemütlicher Lokale. Hübsch am Juessee miten im Stadtzentrum liegt das »Seeschlößchen«, Juesseestr. 1, 37412 Herzberg, Tel. 0 55 21/56 65 (mittel)

 Übernachtung

Sehr rustikal: Hotel »Zum Schloß«,

Osteroder Str. 7, 37412 Herzberg, Tel. 0 55 21/8 99 40, Fax 89 94 38

 Öffnungszeiten

Zinnfiguren- und Forstausstellung im Welfenschloß, Di – So 10 – 13 und 14 – 17 Uhr

 Auskunft

Amt für Touristik, Marktplatz 30, 37412 Herzberg, Tel. 55 21/85 21 10, Fax 85 21 20; Verkehrsverein, Tel. 0 55 21/41 16; Kurverwaltung Sieber, An der Sieber 69, 37412 Herzberg, Tel. 0 55 85/3 22

 Karte

Wanderkarte »Der ganze Harz«, mit den Wegmarkierungen des Harzclubs e.V., RV-Verlag. Maßstab 1 : 50 000

13 Quedlinburg und Halberstadt

Tourenlänge
Zwischen 3 und 6 km, total maximal 12 km

Durchschnittliche Gehzeit
Je nach musealer Aufenthaltsdauer jeweils ca. ein halber Tag

Etappen
»Freier Lauf« durch Halberstadt und Quedlinburg

Steigung
Unerheblich

Eignung für Kinder
Ab 10 und bei kulturellem Interesse

Wegstruktur
Überwiegend Teer- und Pflasterstraßen

Wegmarkierung
Überall Hinweisschilder

Interessantes am Weg
Quedlinburg: Schloßmuseum, Schloßberg mit Stiftskirche, Klopstocks Geburtshaus, Fachwerkbaumuseum und Rathaus. Halberstadt: Gotischer Dom und Domschatz, Gleimhaus-Bibliothek und Städtisches Heimatmuseum.

Die romanische Kunstlandschaft weist am Rande des Nordharzes zwei weltberühmte Kleinodien auf: Quedlinburg und Halberstadt. Die Geschichte des Harzes ist ohne die beiden tausendjährigen Königs- und Fürstenstädte unvollständig und unverstanden. Neben Aachen kennen beispielsweise nur diese beiden Harz-Städte die wertvollsten mittelalterlichen Kirchenschätze. Und was Aachen als Krönungsort Karls des Großen für das fränkische Kaiserreich bedeutete, das ist Quedlinburg für das deutsche Königstum. Hier oben auf dem Schloßberg soll Heinrich »der Vogler« der Sage nach 919 am Finkenherd beim Vogelfang die Königskrone empfangen haben. Auf dem Schloßberg wurde er 936 begraben.

Die größte Sehenswürdigkeit aber ist nicht seine Grabstätte, sondern die gesamte von tausendjährigen Mauern eingekreiste Altstadt Quedlinburg. Auf einer rein historisch bebauten und restaurierten Fläche von 90 ha drängen sich 1200 malerische Fachwerkhäuser, die ältesten ganz Deutschlands. 1994 nahm die UNESCO dieses geschlossene, vom Weltkrieg verschonte Stadtbild in die Welterbeliste schützenswerter Kulturgüter auf. Man bräuchte gar nicht in das Fachwerkmuseum in die Wordgasse gehen, um das architektonische Bilderbuch aus sechs Jahrhunderten zu bewundern. Die ganze Stadt ist ein quicklebendiges »Museum«. Egal, welche der kopfsteingepflasterten Gassen man durchwandelt – alle interessanten Wege führen an Fachwerk vorbei: vom Markt über die Blasiistraße und den Finkenherd hinauf zum Schloßberg und zurück.

Der Beginn auf dem Schloßberg lohnt sich schon deshalb, weil man eine hervorragende Übersicht über dieses einmalige Stadtbild gewinnt. Aus dem Meer der roten Dächerlandschaft stechen die Türme der Marktkirche St. Benedikti (Spätgotik mit romanischem Vorgang), der Nicolaikirche (14. Jh.) mit ihren 72 m hohen Türmen sowie dahinter die Ägidienkirche hervor.

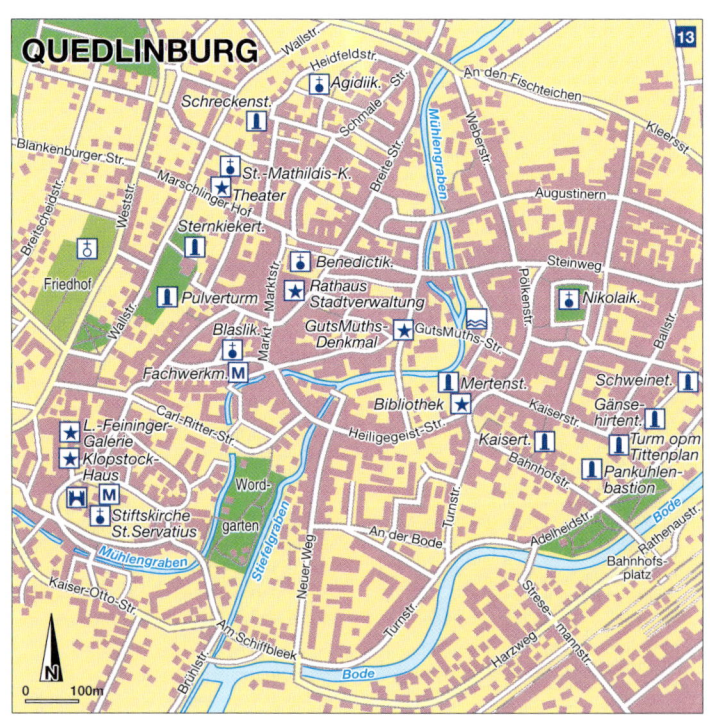

Doch die größte und wichtigste Kirche steht eben hier oben auf dem Schloßberg neben dem Schloßmuseum: Die romanische Basilika und Stiftskirche St. Servatius mit ihrem einzigartigen Domschatz.

Geht man gemächlich den Schloßbergweg hinunter, kommt man am Klopstock-Museum und der Lyonel-Feininger-Galerie (wg. Renovierung 1997 geschlossen) vorbei durch die Wordstraße mit dem Fachwerkmuseum zum Markt. Umgeben von Stadtpalästen aus allen Stilepochen fällt der Blick sofort auf das weinberankte Rathaus. 1310 erstmals erwähnt, ist der frühgotische Bau mit seinem Renaissanceportal und dem Reichsadler darüber bestens erhalten. Die Rolandsfigur an der linken Rathausfassade verkörpert das Symbol der Marktfreiheit.

Über die Bockstraße und durch den Steinweg kommt man zur sogenannten »Neustadt«, die natürlich auch zur Altstadt gehört und deren wichtigstes Bauwerk der gotische Turm der Nicolaikirche gegenüber dem Mathildenbrunnen ist.

Mit dem Pkw bzw. Bus oder Zug gelangt man in nur einer halben Stunde in die andere romanische Fürstenstadt, der bereits anno 804 Kaiser Karl der Große die Bischofswürde und anno 989

Die Türme der Martinikirche gehören nicht dem Bistum, sondern Halberstadt

König Otto III. die Münzrechte verliehen haben. Auch von Halberstadt darf man behaupten, daß die gesamte Altstadt ein einzigartiges lebendiges Museum ist. Die vielen Winkel, Gassen und Plätzchen zwischen Dom und dem Wahrzeichen der Stadt, der Martinikirche, sowie dem Gleimhaus und dem felsigen Turm am Wassertor scheinen sich beim Treibenlassen allesamt um den einen großen Punkt zu drehen, den Dom St. Stephanus, reinstes Juwel gotischer Kathedralarchitektur (1236-1491!). Seine beiden mächtigen Türme überragen die umliegenden Renaissance- und Barockbauten. Der Dom birgt im Inneren eine spätromanische Triumphkreuzgruppe und den weltberühmten Domschatz mit einer kostbaren Gewändersammlung. Sozusagen »um die Ecke«, nämlich kurz über den Hohen Weg, kommt man zum Wahrzeichen, der Martinikirche. Zwischen 1250 und 1350 errichtet, zeigt sie ungleiche Türme und an der Westseite die 1433 errichtete Rolandsfigur. Auch im Schatten des Doms liegt das Gleimhaus, welches als Literaturmuseum wertvolle Briefe und Bücher zur Geschichte der deutschen Spätaufklärung zeigt. Nun schlendern wir noch durch alte Straßenzüge wie Vogtei und Bakenstraße, wo mittlerweile sehr viele der alten (im 2. Weltkrieg ausgebombten) Fachwerkhäuser wunderschön restauriert wurden, und lassen die Stadtwanderung in der Altstadt in einem Terrassencafé oder einem Biergarten einfach ausklingen.

Informationen zur Tour

Ausgangsort
Quedlinburg

Zielort
Halberstadt

Anfahrt

Zwischen Quedlinburg und Halberstadt verkehren auf der 14 km langen B 79 stündlich Stadtbusse vom Hauptbahnhof aus. Ebenso stündliche Zugverbindung. Halberstadt hat Schnellzuganschlüsse nach Magdeburg, Berlin, Leipzig, Goslar und Göttingen

Rückfahrt
Wie Anfahrt

Einkehrmöglichkeit
Quedlinburg: »Schloßkrug« am Dom mit Weitblick vom Biergarten aus, Auf dem Burgberg, Tel. 0 39 46/28 38, tgl. ab 11 Uhr (preiswert); »Brauhaus Lüdde« mit dem berühmten »Puparsch-Knall«-Bier, Blasiistr. 14, Tel. 0 39 46/32 51 (preiswert). Halberstadt: »Museumscafé« mit Biergarten und historischem Ambiente, Domplatz 36, Tel. 0 39 41/ 60 75 70, tgl. ab 10 Uhr (mittel)

Übernachtung
Quedlinburg: Hotel »Zum Schloß« mit gemütlichen Zimmern, Schloßblick und mittelalterlichem Rittermahl, Mühlenstr. 22, 06484 Quedlinburg, Tel. 0 39 46/70 74 83, Fax 70 74 84. Halberstadt: »Halberstädter Hof«, ruhig und doch zentral gelegener Fachwerkbau, Trillgasse 10, 38820 Halberstadt, Tel. 0 39 41/ 2 70 80, Fax 2 61 89

Öffnungszeiten

Quedlinburg: • Schloßmuseum,
Schloßberg 1, Tel. 0 39 46/27 30,
Di–So 10–17 Uhr. • Stiftskirche St.
Servatius mit Domschatzkammer:
Schloßberg 9, Tel. 0 39 46/35 52,
Di–Sa 10–16 und So 12–16 Uhr.
• Klopstock-Museum, Schloßberg 12,
Tel. 03946/2610, erst wieder ab
Herbst 1997 nach Renovierungsar-
beiten. • Fachwerkmuseum im
»Ständerbau«, Wordgasse 3, Tel.
0 39 46/38 28, Mai – Sept. außer
Do tgl. 10–17 Uhr.
Halberstadt: • Dom und Domschatz
»St. Stephanus«, Einlaßzeiten
Mai–Okt., Mo–Sa 10–11.30 und
12–16.30 Uhr, So 12–16.30 Uhr,
Nov.–Apr. Mo–Sa um 10 und um
14 Uhr, So 11.30 und 14.30 Uhr.
• Städtisches Museum, Domplatz
36, Tel. 0 39 41/ 55 14 74, Führun-
gen Tel. 2 42 16, Di–Fr 9–17, Sa/So
10–17 Uhr. • Gleimhaus, Domplatz
31, Tel. 2 43 04, außer Di tgl. 9–16
Uhr, So 10–12 Uhr

 Auskunft

Quedlinburg: Informationsbüro,
Markt 2, 06484 Quedlinburg,
Tel. 0 39 46/77 30 12, Fax 77 30 16.
Halberstadt: Fremdenverkehrsbüro,
Düsterngraben 3, 38820 Halberstadt,
Tel. 0 39 41/55 18 15, Fax 55 10 89

 Karte

Stadtpläne von Quedlinburg und
Halberstadt, Maßstab 1 : 17 500,
Städte-Verlag

14 Von Harzgerode durchs Selketal zur Burg Anhalt

 Tourenlänge
12 km

 Durchschnittliche Gehzeit
4 Std.

 Etappen
Harzgerode – Scheerenstieg – Selketal – Burg Anhalt – Wilhelmshof – Friederikenstraße – Harzgerode

 Steigung
140 m Höhenunterschied

 Eignung für Kinder
Ab 6 Jahren

 Interessantes am Weg
Harzgeroder Schloß mit Wehrgängen und Treppenturm sowie Museum; Burg Anhalt

 Wegstruktur
Überwiegend Feld- und Waldwege, Forststraßen mit Schotter

 Wegmarkierung
Rotes Kreuz und roter Punkt, grüner Punkt und grüner Balken

Selbst die tutende, dampfende Selketalbahn kann vom kleinen Harzgeroder Bahnhof nicht den ganzen *Vor-Wende-Charme* im Zentrum des Unterharzes einnebeln. Noch sind zwar nicht alle Fachwerkhäuser rund um den schönen Marktplatz restauriert, doch man ahnt beim Anblick des 1901 erbauten Rathauses mit dem Glockenturm und beim Spaziergang über den Schloßhof der 500 Jahre alten Stadtbefestigung, wie groß und wichtig dieses tausendjährige (1993!) Städtchen einst als Zentrum des Erzbergbaus und als Stammsitz derer von Anhalt gewesen war.
Am Marktplatz bzw. Schloßmuseum beginnen wir unsere Wanderung über die Augusten- und Schützenstraße in nordwestlicher Richtung und biegen am zweiten Knick rechts ins Waldgebiet ein. Auf einem verwunschenen Hangweg entlang einer

tiefen Waldschlucht kommt man zu einer grasbewachsenen steinernen Bachbrücke, geht durch ein kleines Felstor und bergabwärts rechterseits zum Selketal. Zwischen Forstamt am Scheerenstieg und der Gaststätte an der Selkemühle wird das Tal heller und breiter.

Von hier an weist uns die Rote-Punkt-Markierung bis zum Großen Hausberg (385 m). Der kleine schweißtreibende Anstieg zur Burg Anhalt lohnt vielleicht nicht wegen der Trümmer, die die Pracht des 500 Jahre alten Stammsitzes der anhaltischen Fürsten nur noch erahnen lassen. Doch er lohnt wegen der einmaligen Aussicht über die Unterharz-Hochfläche.

Nun haben wir schon über die Hälfte unserer Wanderung hinter uns und einen leichten Abstieg ins Selketal vor uns. Den grünen Balken folgend, entfernen wir uns nun durch lichten Niederwald vom Flußtal und wandern in Richtung Süden bis zum Forsthaus Wilhelmshof, das sich auf einer hohen Lichtung richtig herrschaftlich ausmacht. Nach etwa 600 Metern kommt man zu der Schiloer Schutzhütte, linker Hand dann zum Grabental und zu einem kleinen Weiher. Ein Hangweg (bei Regen etwas schlüpfriger), der gutes Schuhwerk erfordert, führt

uns zu größeren Grubenlöchern einstiger Bergmannsherrlichkeit. Kurz vor dem Ende des Mischwaldes beginnt schon die Friederikenstraße, auf der wir an Kuhwiesen und Pferdekoppeln vorbei bald wieder zum Harzgeroder Stadtrand gelangen (siehe auch Wanderung 25 durchs Selketal).

Im stillen Selketal kann man stundenlang unter Kastanienalleen wandern

Von Scheerenstieg bis Mägdesprung führt der Weg immer der
Selke entlang

Informationen
zur Tour

 Ausgangsort

Harzgerode

 Zielort

Wie Ausgangsort

 Anfahrt

Die Lage am Schnittpunkt mehrerer
wichtiger Straßen, wie der Harzhochstraße B 242 und der B 185,
sowie die Station der Selketalbahn
ermöglicht die Anreise aus allen
Himmelsrichtungen

 Rückfahrt

Wie Hinfahrt

 Einkehrmöglichkeit

Restaurant »Schloßkeller«, gut renoviert, Schloß Harzgerode, Di – So ab
11 Uhr (mittel)

 Übernachtung

Wer nicht im 3 km entfernten Ortsteil Alexisbad übernachten will,
kann sich eine der vielen Privat-
Ferienhäuser in Harzgerode unter
Tel. 03 94 84/23 24 reservieren
lassen (Preise zwischen 50 und
100 DM)

 Öffnungszeiten

Schloßmuseum Harzgerode, Mo – Fr
10 – 16 Uhr oder für Gruppen nach
Anmeldung unter Tel. 03 94 84/
3 24 20

 Auskunft

Fremdenverkehrsverein, Markt 7,
06493 Harzgerode, Tel. 03 94 84/
3 24 21, Fax 22 59

Karte

Wanderkarte »Der ganze Harz«,
mit den Wegmarkierungen des
Harzclubs e.V., RV-Verlag. Maßstab
1 : 50 000

15 Von St. Andreasberg nach Bad Lauterberg

Tourenlänge
11 km

Durchschnittliche Gehzeit
3 – 4 Std.

Etappen
St. Andreasberg – Sieberberg – Koboltstaler Köpfe – Luttertal – Kupferhütte – Bad Lauterberg

Steigung
390 m Höhenunterschied

Eignung für Kinder
Viele kinderfreundliche Abwechslungen, ab 8 Jahren

Interessantes am Weg
In St. Andreasberg • Super-Rutschbahn, 550 m lang und 130 m Höhenunterschied. • Grube Samson mit Grubenfahrt-Führung. • Schnitzereimuseum. • Glasbläserei mit Vorführungen. In Bad Lauterberg: • Spielzeugmuseum • Heimatmuseum mit großer Schmetterlingsammlung

Wegstruktur
Überwiegend Feld- und Waldwege, Forststraßen mit Schotter

Wegmarkierung
Rotes Dreieck, roter Punkt

Die höchstgelegene Harzstadt (650 bis zu 900 m hoch) mit den steilsten Straßen Deutschlands (21% Steigung) ist auch noch die Hochburg der Kanarienvogelzüchter (»Harzer Roller«) und heißt St. Andreasberg. Ansonsten bietet sie nicht nur Wintersportlern, sondern vor allem kinderreichen Wanderfamilien einen idealen Ferienplatz im Nationalpark. In der denkmalgeschützen »Grube Samson« (1521-1910 in Betrieb) kann man heute noch mit einem 1833 erbauten Förderlift in die Tiefe fahren. Glasbläserei, Schnitzmuseum und die Superrutschbahn liegen alle oberirdisch nicht weit entfernt vom Schachteingang. Haben sich die Kids hier überall ausgetobt, beginnt man die Wanderung am besten im südwestlichen Vorort Sieberberg und folgt dem roten Dreieck am Haus der Mühle vorbei bergauf zum Wilhelm-Stürze-Weg. Hoch droben in fast 600 m Höhe wandelt man auf einem weichen Forstweg zum Sieberberger Planweg, von dem aus ein romantischer Blick in das tiefliegende Siebertal den etwas anstrengenden Aufstieg entlohnt. Nun wechseln wir auf die andere Hangseite und lassen uns vom roten Punkt durch dichten Wald zu den Koboltstaler Köpfen führen.

Ab dem sogenannten Goedeckeplatz, von wo auch eine Route zum Großen Knollen, dem höchsten Berg des Südwestharzes, abzweigt, beginnt ein interessanter Waldlehrpfad mit vielen Infotafeln über Bäume, Holzarten und die Vogelwelt. Nach mehreren Kurven führt dieser Pfad steil bergab ins Tal der Krummen Lutter. Parallel zu diesem kurvenreichen Flüßchen wandert man nun 7 km auf einem Schotterweg. Zwei stillgelegte Bergwerksstollen sowie einige schlicht liegengelassene Fördertürme begleiten, aber verschönern nicht die Wanderung. Dafür werden wir durch den dichten Mischwald bis hin zur Kupferhütte mit Kastanien,

Buchen, Eichen und Ahorn verwöhnt, was besonders die Herbstwanderungen ungemein farbig gestaltet.

Hinter der Kupferhütte kann man nach einer weiten Linkskurve bereits die einstige Bergarbeiterstadt und heutige Kneipportschaft Bad Lauterberg erblicken. Jawohl, »Kneipp«! Denn der Lauterberger Arzt Ernst Ritscher soll bereits anno 1835, also noch *vor* Pfarrer Sebastian Kneipp, die harte Kur mit dem eiskalten Heilwasser erfunden haben. Wer das kalte Wasser scheut, sollte sich in der fachwerklichen Altstadt zum Ende seiner Tour wenigstens noch das interessante Heimatmuseum ansehen und seinen Kindern den Besuch des gleich nebenan in der Ritscherstraße liegenden Spielzeugmuseums gönnen.

Informationen zur Tour

👤 **Ausgangsort**
St. Andreasberg

👤 **Zielort**
Bad Lauterberg

 **Anfahrt**
Per Pkw über die Harzhochstraße

B 242, Abzweigung Braunlage nach
St. Andreasberg. Über die Autobahn E 45 aus Nord oder Süd, Abfahrt Seesen und weiter auf der
B 243 nach Bad Lauterberg

 Rückfahrt

Wie Anfahrt

 Einkehrmöglichkeit

St. Andreasberg: Rustikale Spezia-
litäten im »Harzer Grabensteiger«,
Sudetenlandweg 3, Tel. 0 55 82/
6 64, Di – So ab 11 Uhr (mittel).
Bad Lauterberg: Nostalgisch-nobel
das »Restaurant im Kurhaus«, Ritscherstr. 2, Tel. 0 55 24/33 30 (mittel)

 Übernachtung

St. Andreasberg: Viele Hotels bieten
Schrothkuren an, wie z. B. das
»Tannhäuser«, Clausthaler Str. 2a,
Tel. 0 55 82/9 18 80, Fax 91 88 50
(mittel). Bad Lauterberg: Viele Hotels
bieten Kneippkuren an, wie z. B. das
Superhotel »Revita«, Promenade 56,
Tel.0 55 24/8 31, Fax 8 04 12 (geho-
ben)

 Öffnungszeiten

St. Andreasberg: • Rutschbahn, am
Matthias-Schmidt-Berg, Tel. 0 55 82/
2 65, tgl. ab 11 Uhr. • Grube Samson, Am Samson, Tel. 0 55 82/12 49,
Mo – Sa 8 – 16 Uhr, Führungen um
11 und 14.30 Uhr. • Schnitzereimuseum, Odertaler Sägemühle,
Tel. 0 55 82/86 80, tgl. 10 – 18 Uhr.
• Glasbläserei, Am Gesehr 3, Tel.

**Wie in vielen Harzstädten findet
man auch in St. Andreasberg schö-
nes Fachwerk**

55 82/5 20, Mo – Fr 15 – 16 Uhr.
Bad Lauterberg: • Spielzeugmuseum, Ritscherstr. 4, Di – So 10.30 –
11.30 Uhr und 15 – 17.30 Uhr. • Heimatmuseum, Ritscherstr. 3, Fr u. Sa
10 – 12 und 15 – 17 Uhr, So 9.30 –
12.30 Uhr

 Auskunft

• Städtische Kurverwaltung, Am
Glockenberg 12, 37444 Sankt An-
dreasberg, Tel. 05582/ 80336,
Fax 80339. • Kurverwaltung, Rit-
scherstr. 4, 37431 Bad Lauterberg,
Tel. 05524/ 9204-0, Fax 5506

 Karte

Wanderkarte »Der ganze Harz«,
mit den Wegmarkierungen des
Harzclubs e.V., RV-Verlag. Maßstab
1 : 50 000

16 Nachdenkliches zwischen Naturphänomen und Gedenkstätte

Tourenlänge
7 km

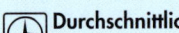

Durchschnittliche Gehzeit
4 Std. inkl. Besichtigung der Gedenkstätte

Etappen
Nordhausen-Salza – Salzaquellweg – Salza-Spring – KZ-Gedenkstätte »Mittelbau Dora« – Kohnsteinwald – Salzatal – Nordhausen

Steigung
Unerheblich

Eignung für Kinder
Ab 10 Jahre

Interessantes am Weg
Nordhausener Meyenburg-Museum sowie »Tabakspeicher« mit regionalen Exponaten, Dom und St.-Blasii-Kirche mit Lucas-Cranach-Gemälde; Naturwunder Salza-Spring; Gedenkstätte »Mittelbau Dora«

Wegstruktur
Überwiegend Feld- und Waldwege sowie geteerte Straße

Wegmarkierung
Nur (gute) Wegweiser

Eine Wanderung soll Spaß machen, Erholung bringen und viel Natur bieten. Diese Wanderung aber bietet ausnahmsweise einmal neben einem Naturphänomen auch ein historisch-trauriges Ziel. Doch warum sollte eine Route wie die heutige nicht auch informativ wie lehrreich sein und betroffen oder doch zumindest nachdenklich machen dürfen?

Nordhausen, im 2. Weltkrieg arg zerbombt, bietet mit Dom, Renaissance-Rathaus und der Lucas-Cranach-Kirche St. Blasii immerhin noch so viel historische Bausubstanz, daß es Spaß macht, vom Stadtkern des 50 000-Einwohner-Ortes aus zu starten. Nahe der hübsch restaurierten Fachwerkgasse Barfüßerstraße fährt ein Linienbus ab zum Vorort Salza. Wir steigen am Karl-Liebknecht-Platz aus und gehen auf der Herreder Straße bis zum »Königlich Preußischen Gut«, wo bereits der Salzaquellweg beginnt. Vorbei am Quellbad, das mit glasklarem Wasser aus dem Salza-Spring (engl.: »spring« = Quelle) gespeist wird, wandern wir am Ufer der Salza bis zum Grundlosen Loch. Der Name ist ein wenig irreführend, denn dieses Naturdenkmal hat nach 350 Zentimetern bereits »Grund«. In diese stark verlandete Bodensenkung – sie gehört zum Salzaquellsystem – quillt mit einer Jahresmitteltemperatur von 9 Grad Celsius ständig Wasser empor.

Nur 250 Meter weiter nördlich kommen wir dann zu dem eigentlichen Naturphänomen Salza-Spring. Es ist die größte Karstquelle Thüringens und die viertgrößte ganz Deutschlands. Am östlichen Ufer, das wir gen Norden begehen, sieht man interessante Ausbuchtungen, die »Euter«, »Stiefel«, »Tabaksbeutel« und »Wanne« heißen. Jährlich treten hier über 21 Millionen Kubikmeter Wasser in Intervallen von 2 8 Sekunden zutage. Diese gewaltige Menge stammt von den einige Kilometer nördlich des Kohnsteins versickernden Flüssen Wieda, Zorge und Kelle. Das Sickerwasser durchfließt dabei den Höhenzug des Kohnsteins mit Gips und Anhydrit wie durch ein feingefiltertes Kluftsystem. Für die ca. 10 – 20 km lange unterirdische Filterstrecke bis Salza-Spring benötigt das Wasser ca. acht Monate. Die 5,8 km lange Salza ist konstant etwa 9 Grad warm/kalt, führt nie Hochwasser, dafür aber das beste Trinkwasser des ganzen Harzes. All diese und viele andere Informationen stehen auf verschiedenen Tafeln rund um diesen phantastischen Quellteich.

An der Ecke des wiederaufgebauten Renaissance-Rathauses von Nordhausen steht der Roland als Symbol städtischer Freiheit

Wir wandern nun nordwestlich an der Schnabelsmühle vorbei zur zwei km entfernten Gedenkstätte »Mittelbau Dora«. Rechter Hand erreichen wir zunächst die Fahrstollen A und B, die in das Kohnsteinmassiv führen. Ab

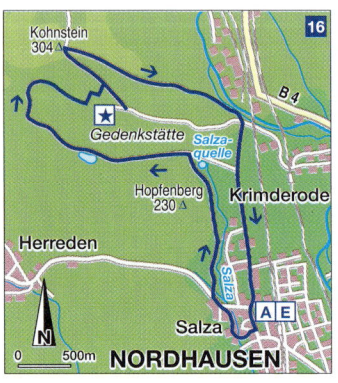

August 1943 mußten hier bis Kriegsende rund 60.000 KZ-Häftlinge und Zwangsarbeiter beim Ausbau der Stollenanlage sowie der Fertigung der »Reichs-Wunderwaffe« V1 und V2 unter unmenschlichen Bedingungen arbeiten. Seit 1995 sind die beiden unterirdischen Arbeitskammern 44 – 46 für Besucher geöffnet.

Auf der alten Lagerstraße führt uns der Weg am einstigen SS-Quartier vorbei zum Appellplatz sowie dem heutigen Museum. Hier erfahren wir in einem Dokumentarfilm, daß nur 20.000 Insassen das KZ bzw. Arbeitslager überlebten. Vom Museum am ehemaligen Krematorium vorbei, wo die Verbrennung der insgesamt 40.000 verstorbenen Lagerinsassen stattfand, kommen wir nördlich wieder auf einen Naturlehrpfad. Nachdenklich und besinnlich geht es nun weiter bis zu einer Weggabelung, dem sogenannten »Komödienplatz«, dem wenig später ein Wildfütterungsplatz folgt. Wir erreichen die gewaltigen Erdfälle (Dolinen) des Kohnsteingebirges und kommen kurz darauf an den Steilhängen des »Katzensteins« und einigen Ahorn-Baumriesen (»Großmutter« genannt) vorbei in das Hirschental. Von hier aus führt uns der Waldweg wieder zur Salza-Spring zurück. Jetzt gehen wir auf der westlichen Flußseite gen Süden, lassen den kleinen Hopfenberg (205 m) rechter Hand liegen und können bereits den Ortsrand von Nordhausen-Salza, also unser Startgebiet, erblicken.

Informationen zur Tour

Ausgangsort
Nordhausen-Salza

Zielort
Wie Ausgangsort

Anfahrt
Mit dem Zug gute Verbindungen,

auch mit der Harzquerbahn. Per Pkw aus Richtung Magdeburg oder Erfurt über die B 4, aus Leipzig, Halle bzw. Kassel über die B 80, aus Göttingen – Hannover auf der B 243

 Rückfahrt

Wie Anfahrt

 Einkehrmöglichkeit

Gasthaus »Zum Thüringer«, Landgrabenstr. 10, 99734 Nordhausen, Tel. 0 36 31/72 34, Di – So (preiswert)

 Übernachtung

Familiär gemütlich ist das »Zur Sonne«, Hallesche Str. 8, Tel. 0 36 31/6 44 33/48938, Fax 4 89 37 (mittel)

 Öffnungszeiten

• Meyenburg-Museum, Alexander-Puschkin-Str. 31, 99734 Nordhausen, Tel. 0 36 31/88 10 91, So – Do 11 – 17 Uhr.
• »Tabakspeicher«, Bäckerstraße 20, Tel. 0 36 31/2737, Di – Sa 11 – 15 Uhr.
• Gedenkstätte »Mittelbau Dora«, 99743 Nordhausen, Tel. 0 36 31/36 36, Fax 40181, Apr. – Sept. tgl. 10 – 18 Uhr, Okt. – März tgl. 10 – 16 Uhr

 Auskunft

Nordhausen-Information, Markt 15, 99734 Nordhausen, Tel. 0 36 31/69 65 40, Fax 69 65 25

 Karte

Wanderkarte »Der ganze Harz«, mit den Wegmarkierungen des Harzclubs e.V., RV-Verlag. Maßstab 1: 50 000

Kirche und Pfarrhaus von St. Blasii lassen ahnen, wie ganz Nordhausen einmal ausgesehen haben könnte

17 Auf den Spuren von Hermann Löns

Tourenlänge
13 km

Durchschnittliche Gehzeit
4 Std.

Etappen
Neustadt – Burg Hohnstein – Hufhaus – Poppenberg – Neustadt

Steigung
300 m Höhenunterschied

Eignung für Kinder
Ab 6 Jahren

Interessantes am Weg
Ruine Hohnstein; technisches Denkmal Poppenberg

Wegstruktur
Überwiegend Feld- und Waldwege, Forststraßen mit Schotter

Wegmarkierung
»Nr. 9«-Schilder bis »Zum Tisch«, dann blaues Kreuz und rotes Viereck bis zum Poppenberg, danach grüner Kreis

Der schöne »Lönspark« lädt an Wochenenden bei gutem Wetter viele Neustädter zum Grillen, Spaziergang oder Entenfüttern am Teich ein. Den Namen dieser Freizeitoase mitsamt seinem Löns-Denkmal haben die rund 1300 Neustädter Bürger dem großen Heimatdichter Hermann Löns (1866-1914) zu verdanken, der hier zwischen 1890 und 1910 sehr oft zur Erholung, zu poesievoller Arbeit und zur Wanderung anreiste. Neustadt – wegen seiner anmutigen Umgebung auch »Perle des Südharzes« geheißen – ist die Kopfgemeinde für seinen nur zwei km entfernten und viel berühmteren Vorort Osterode (siehe auch Wanderung 11).

Auf den Spuren von Löns (»Mümmelmann«) wollen wir uns direkt aus der Neustädter Altstadt mit seinem fachwerklichen Stadttor (1412), der übergroßen Rolandsfigur (1730) und der St.-Georgs-Kirche (1685) über die Burgstraße und die einstige Rodelbahn in Richtung Burg Hohnstein begeben. Entlang der Nr.-9-Markierung kommt man auf dem Waldbadweg und über das Wiesental nach etwa 20minütigem leichten Anstieg zur Burgruine Hohnstein. Konrad von Sangerhausen hatte sie im Auftrag der Hohnsteiner um 1120 erbaut. Im Dreißigjährigen Krieg, exakt an Weihnachten 1627, ließ sie der kursächsische Oberst von Eckstädt wegen ausgebliebener

Steuergelder zerstören. Dennoch ist die Burg heute noch so gut erhalten, daß ihre auf einem Porphyrkegelgestein stehenden dicken Mauern die einstige Macht und Größe erahnen lassen.

Durch lichten Mischwald wandern wir nun leicht abwärts und entlang des Hardtbachs im Wiesental bis zum Hufhäuser Weg. Rechter Hand, von weitem sichtbar, liegt die Neustädter Talsperre. Nach gut 2 km erreichen wir die Wegkreuzung »Am Tisch« und sodann mit der blauen Andreaskreuz-Markierung das »Hufhaus«. Das einstige gräfliche Forsthaus und Gestüt ist zu einer gemütlichen Raststätte umgebaut worden.

Nach einem Erfrischungstrunk gehen wir kurz zur »Tisch«-Kreuzung zurück und steigen allmählich ohne Anstrengung einen 1000 Meter langen Waldweg hinauf bis zum Nordhang des Poppenbergs. Noch einmal müssen wir unsere Beinmuskeln und Atemwege strapazieren, um die letzten steilen 300 Meter durch dichten Fichtenwald bis zum Plateau zu schaffen. Hier oben in 602 Metern Höhe kann man sich schon mal ausruhen, indem man bei (hoffentlich) schönem Wetter die herrliche Aussicht bis hin zum Brocken im Norden sowie dem Kyffhäuser-

Die Burg Hohnstein ließ Konrad von Sangerhausen um 1120 erbauen. Heute ist sie Ruine

gebirge gen Südosten genießt. Wer noch Puste hat, darf dann auch noch den unter Denkmalschutz stehenden 33 Meter hohen Eisernen Turm (seit 1894!) über 167 trittfeste Stufen ersteigen, um noch mehr Weitblick in Höhenluft zu genießen.

Die grüne Kreis-Markierung beginnt südlich des Turms und führt uns nach etwa einem Kilometer Waldgebiet ziemlich steil abwärts zum Wanderweg Ilfeld-Neustadt. Nun gelangt man langsam ins Harzvorland, die ersten Wiesen lichten den Wald, das »Waldbad Neustadt« lädt zum Schwimmen ein. Und sozusagen als optisches »Schlußschmankerl« wandelt man durch eine schattige Kastanienallee langsam wieder in die Gemeinde Neustadt zum Ausgangspunkt zurück.

Informationen zur Tour

 Ausgangsort

Neustadt

 Zielort

Wie Ausgangsort

 Anfahrt

Von Neustadt gibt es regelmäßige Busverbindungen zu den Bahnhöfen in Nordhausen und Ilfeld bzw. Göttingen. Per Pkw kommt man aus Nord und Ost auf der B 243 , aus Göttinger Richtung über die B 247 bzw. B 241. Am besten orientiert man sich an »Osterode«, das viel bekannter, aber dennoch nur ein Ortsteil der Gemeinde Neustadt ist

 **Rückfahrt**

Wie Anfahrt

 Einkehrmöglichkeit

Urgemütlicher »Ratskeller«, Martin-Luther-Platz 2, Tel. 0 55 22/64 44, Di – So ab 11 Uhr (preiswert)

 Übernachtung

Familiäre Atmosphäre im Hotel »Harzer Hof«, Bahnhofstr. 26, Tel. 0 55 22/740 74 (mittel)

 Auskunft

Tourismusgemeinschaft »Hohnstein-Südharz«, Ilgerstr. 23, 99678 Ilfeld, Tel. 03 63 31/63 02, und Dörgestr. 40, 37520 Osterode, Tel. 0 55 22/68 55, Fax 31 82 01

 Karte

Wanderkarte »Der ganze Harz«, mit den Wegmarkierungen des Harzclubs e.V., RV-Verlag. Maßstab 1 : 50 000

18 Von Mansfeld durch Luthers Eisleben zum Süßen See

Tourenlänge
25 km

Durchschnittliche Gehzeit
8 Stunden bzw. bei intensiver Luther-Spurensuche besser in zwei Tagesetappen

Etappen
Mansfeld – Blumerode – Siebigerode – Annarode – Eisleben – Süßer See

Steigung
Unerheblich

Eignung für Kinder
Bei eintägiger Wanderung ab 10, sonst ab 8 Jahren

Interessantes am Weg
Mansfeld: »Lutherstube«, das Elternhaus von Martin Luther; Mansfelder St.-Georgen-Kirche. Eisleben: Luthers Geburtshaus, heute ein Museum; Luthers Sterbehaus mit seiner Totenmaske, Sargtuch etc.; St. Petri, die Taufkirche Luthers, St.-Andreas-Kirche

Wegstruktur
Überwiegend Feld- und Waldwege, Forststraßen mit Schotter

Wegmarkierung
Schwarzer Punkt, grünes Dreieck bis Eisleben, dann roter Punkt

Um zu begreifen, warum viele Harzer Reichs- und Hansestädte bereits um 1525 herum zur Reformation »überliefen«, muß man wissen, daß Martin Luther seine Kindheit in Mansfeld am östlichen Harzrand verbrachte und daß er in dem nur 15 km entfernten Eisleben am 10.11.1483 geboren wurde und hier auch am 18. 2.1546 starb.

Das kleine Mansfeld mit seiner Schloßruine darf man natürlich nicht zur Wanderung verlassen, ohne zuvor kurz in die St.-Georgen-Kirche reingeschaut zu haben, wo einst der kleine Martin Luther schon im Kirchenchor sang. Ebenso lohnenswert ist ein schneller »Durchmarsch« durch das kleine Mansfelder Museum »Lutherstube«, dem Elternhaus von Luther, wo Chorknabe Martinius seine Kindheit verbrachte. Von hier aus führt uns dann auch der erste Teil des Wanderweges mit schwarzer Punkt-Markierung durch eine liebliche Hügelland-schaft mit viel Landwirtschaft und Waldbestand über Blumerode nach Siebigerode. Weiter geht's mit grüner Dreiecks-Markierung an den beiden Raststätten »Schöne Aussicht« und »Am Roßberg« vorbei bis zum verschlafenen Dörfchen Annarode. Ab hier zeigt nun nur noch der rote Punkt die Richtung an über die »Bunte Brücke« durchs stille

Kliebichsbachtal und vorbei an alten Kupferbergbau-Halden bis hinein nach Eisleben. Über die Martinstraße und die Kreisfelder Gasse gelangen wir direkt zum Marktplatz und somit in das Herz der Lutherstadt.

Hier liegen die wichtigsten lutherischen Sehenswürdigkeiten ganz nahe beieinander. Wertvolle Bibeln und sakrale Gegenstände kann man in Luthers Geburtshaus in der Seminarstraße bewundern, während in seinem Sterbehaus am Andreaskirchplatz vor allem seine Totenmaske und das Sargtuch die Besucher anzieht. Nebenan in der St.-Andreas-Kirche (15. Jh.) fasziniert die bemalte Holzkanzel, von der Luther sehr oft gegen die katholischen Herrscher ganz Deutschlands wetterte. Und in seiner spätgotischen Taufkirche am nahen Petrikirchplatz besticht insbesondere der Turm (1457) sowie der Chor (1513). Auf diesen Spuren Martin Luthers hat man ganz nebenbei einen mittelalterlichen Eindruck von Eisleben gewonnen. In südöstlicher Richtung folgen wir nun auf der zweiten und kürzeren Etappe unserer Wanderroute dem roten Punkt, vorbei am Sportplatz und durch die grüne Aue ins Freßbachtal. Zahlreiche Obstplantagen säumen unseren Weg bis zum Dorf Wormsleben. Am Nußpark gehen wir nach Lüttchendorf und parallel zu einem Fahrradweg bis an den großen Süßen See. Weit reicht der Blick zu naturbelassenen Ufern, zu Anglern und Wassersportbegeisterten. Die Eislebener nennen ihren Vorort-See »Süßen See« wie auch den nahe liegenden »Salzigen See« liebevoll die »blauen Augen«. Am Nordufer des Süßen Sees entlang wandern wir das letzte Stück bis zum Nordstrand, wo uns auf einem stillgelegten Schaufelraddampfer die Raststätte »Seeperle« die Wartezeit auf den VGS-Bus für die Rückfahrt nach Eisleben bzw. Mansfeld versüßt.

Informationen zur Tour

Ausgangsort
Mansfeld

Zielort
Süßer See

Anfahrt
Mansfeld liegt am östlichen Ende der Harzhochstraße B 242 und ist per Landstraße und Bahn mit dem nahen Eisleben verbunden. Autofahrer kommen aus dem Osten über die A 9 bzw. A 14 von Berlin, Dresden und Halle aus auf der B 80 nach

Eisleben. Aus dem Westen über die B 80 bzw. aus dem Süden (Jena) über die A 4 und die B 88 und B 180. Eisleben hat stündliche Bahnverbindungen in Richtung Halle, Magdeburg sowie Erfurt

Einkehrmöglichkeit

Gutbürgerliche Küche im Restaurant »Hummel«, Magdeburger Str. 10, 06295 Eisleben, Tel. 0 34 75/64 82 03, außer Di ab 11 Uhr (preiswert)

Rückfahrt

Wie Anfahrt

Übernachtung

Ganz in der Nähe von Luthers Ge-

Stolberg im Südharz gilt als eine der besterhaltenen Fachwerkstädte Deutschlands

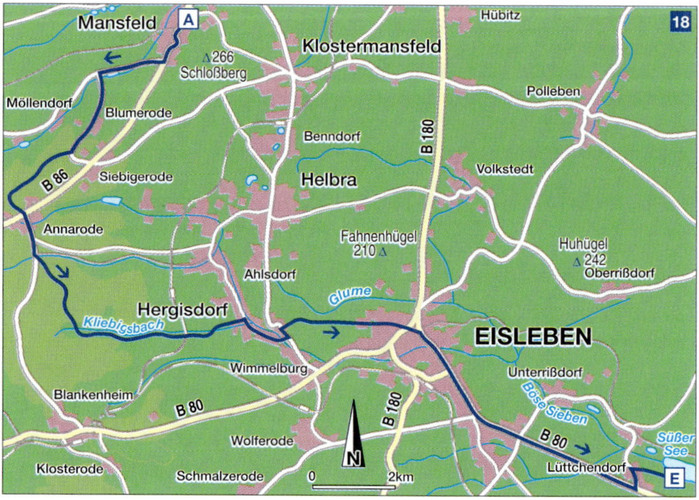

burtshaus in der familiären »Pension Morgenstern«, Hallesche Str. 18, 06295 Eisleben, Tel. 0 34 75/60 28 22 (preiswert)

Öffnungszeiten

Mansfeld: • »Lutherstube«, Lutherstr. 26, 06343 Mansfeld,
Tel. 03 47 82/2 02 10, Apr. – Okt. Di – Do 9 –17 Uhr; Nov. – März Di – So 11 –15 Uhr.
• St.-Georgen-Kirche, Lutherstr. 7, Tel./Fax 2 03 20, nach Voranmeldung bei Pfarrerin Frau Sommer. Eisleben: • Luthers Geburtshaus, Seminarstr. 16, 06295 Eisleben, Tel. 0 34 75/60 27 75, Apr. – Okt. tgl. 10 – 18 Uhr, Nov. – März Di – So 12 –16 Uhr.

• Luthers Sterbehaus, Andreaskirchplatz 7, Tel. 60 22 85, Apr. – Okt. tgl. 9 –17 Uhr, Nov. – März Di – So 12 –16 Uhr. • St.-Petri-Kirche am Petrikirchplatz 1 und St.-Andreas-Kirche am Andreaskirchplatz 7 mit Führungen unter Tel. 0 34 75/60 21 24

Auskunft

Fremdenverkehrsverein Eisleben, Hallesche Str. 6, 06295 Eisleben, Tel. 0 34 75/21 24, Fax 26 34

📖 Karte

Wanderkarte »Der ganze Harz«, mit den Wegmarkierungen des Harzclubs e.V., RV-Verlag. Maßstab 1 : 50 000

19 Zwischen Rosen und Mammut auf dem Karstweg

Tourenlänge
19 km

Durchschnittliche Gehzeit
6 Std.

Etappen
Sangerhausen – Lengefeld – Grillenberg – Gonna – Kupferhütte – Sangerhausen

Steigung
Nicht erwähnenswert

Eignung für Kinder
Ab 8 Jahren

Interessantes am Weg
Europas größtes »Rosarium« mit 6500 verschiedenen Rosenarten; Spengler-Museum mit dem weltweit einzigen vollständig erhaltenen Skelett eines 500 000 Jahre alten Mammuts; Bergbaumuseum »Röhrigschacht« in Wettelrode

Wegstruktur
Überwiegend Feld- und Waldwege, meist in Hanglage

Wegmarkierung
Grüner Balken, roter Punkt, roter Balken. Durchgängig weiß-rot-weiß für den eigentliche Karstwanderweg mit grünen Richtungsweisern

Im wahrsten Sinne des Wortes »auf Rosen gebettet« liegt der Startort dieser Wanderroute. Vor knapp einhundert Jahren – 1903 – legten Botaniker in Sangerhausen ein Rosarium mit ansonsten aussterbenden Rosenarten an. Heute ist das »Europa-Rosarium« mit über 6500 verschiedenen Rosenarten auf 15 Hektar eine weltberühmte Zierde dieser bereits anno 911 urkundlich erwähnten Stadt am Südostrand des Harzes.

Weltberühmt ist aber auch das 500 000 Jahre alte Mammut, den der Sangerhausener Tischlermeister C. A. Spengler erst 1930 in einer Kiesgrube bei Edersleben entdeckte und ausgrub. Das vollständig erhaltene Mammutskelett (6 m lang, 4 m hoch, 2 m lange Stoßzähne) kann man im Spengler-Museum in der Bahnhofstraße bewundern, von wo man auch in nordwestlicher Richtung dem grünen Balken über die Bahnlinie folgen und am Tierheim vorbei die einstige Bergbau- und heutige Rosenstadt verlassen.

Der Feldweg steigt etwas an, und wir erblicken rechts den Thomas-Müntzer-Schacht mit der hohen Halde und kommen langsam zum Waldrand. Durch den lichten Mischwald hindurch und nun dem roten Punkt folgend, gelangt man zum Schloßköpfchen (320 m) und gleich dahinter etwas abwärts ins Dörfchen Lengefeld.

Wer hier schon »schlappmacht«, kann sich im »Schwarzen Adler« eine Pause gönnen, um danach entlang eines idyllischen Waldrandpfades bis zum bergbaumäßig angelegten Kunstteich »Wettelrode« zu kommen. Hier nun mündet unser Wanderweg auch in ein Teilstück des berühmten Sangerhausener Karstwanderwegs ein, der uns nach einer großen Rechtskurve zunächst zum Röhrigschacht führt.

Von weitem erblickt man schon den hohen Fördermast mit seiner Trommelfördermaschine aus 1922 und findet so schnell zum Museumseingang. Fast 300 m tief fahren wir auf die erste Sohle, dann mit einer Grubenbahn und eingezogenen Köpfen zu einer Demonstrationsstelle, wo der Kupferschiefer-Abbau so dargestellt wird, wie er von 1200 bis 1990 hier getätigt wurde.

Wieder unter freiem Himmel in freier Natur, gehen wir ab Wettelrode auf dem Karstwanderweg gen Obersdorf. Schon vorher kann man einen schönen Blick auf den Kyffhäuser und die Goldene Aue erhaschen. Hinter Obersdorf nach einer Linksabbiegung geht es einen Kilometer leicht aufwärts auf einem Hangweg entlang des Gonna-Flusses. Oben (400 m) auf dem Grillenberg ist die »Grillenburg« der ersehnte Rastplatz, bevor wir denselben Weg bis Obersdorf zurückgehen und dann südöstlich weiter bis zum Straßendorf Gonna. Nun geht es munter an der Gonna südlich weiter auf dem sogenannten Mühlenweg: auf den nächsten zwei Kilometern passieren wir die Ölmühle, die Hüttenmühle sowie die Walkmühle und lassen die Talmühle weit hinten im Westen sichtbar liegen.

Hier klappern keine Flügel mehr im Wind, auch in der folgenden Kupferhütte wird kein rötlich glänzendes Metall mehr aus Harzer Kiesgestein herausgeschmolzen. Dafür sieht man ringsherum blühende Landwirtschaft und scheint schon die auf der anderen Seite der Bahngleise von Sangerhausen blühenden Rosen zu riechen...

Informationen zur Tour

🚶 **Ausgangsort**
Sangerhausen

🚶 **Zielort**
Wie Ausgangsort

 **Anfahrt**

Beste Zugverbindungen aus den Richtungen Leipzig, Erfurt und Kassel. Die B 80 bringt den Autofahrer aus Ost und West direkt nach Sangerhausen, aus dem Süden über die B 86

Die 900 Meter hoch gelegenen Hohneklippen liegen im Nationalpark Südharz

Typisch für den Harz ist hochstäm-
miger Nadelwald

 Rückfahrt
Wie Anfahrt

 Öffnungszeiten
• Europa-Rosarium, Steinberger
Weg 3, 06526 Sangerhausen,
Tel. 0 34 64/57 25 22, Fax 57 87 39,
von Mai –15. Okt. tgl. 8 –19 Uhr.
• Spengler-Museum, Bahnhofstr. 33,
06526 Sangerhausen, Di – Fr u. So
10 –17 Uhr, Sa 14 –17 Uhr.
• Bergbaumuseum »Röhrigschacht«
in 06528 Wettelrode, Tel. 0 34 64/
57 26 49, Mi – So 9.30 –16 Uhr mit
Grubenfahrten um 10, 11.15, 12.30,
13.45, 15 Uhr

 Einkehrmöglichkeit
Urgemütliches Restaurant »Walkmühle«, Walkberg 1, 06526 Sangerhausen, Di – So ab 11 Uhr (preiswert)

Ansonsten mehrere des Weges, in
Lengefeld der »Schwarze Adler«, in
Grillenberg »Zur Grillenburg«

 Unterkunft
Familiäres Hotel »Katharina«, Rie-
städter Str. 18, 06526 Sangerhausen, Reservierung über Tel. 0 34 64/
61 33 30 (preiswert)

 Auskunft
Fremdenverkehrsverein, Schützen-
platz, 06512 Sangerhausen,
Tel. 0 34 64/61 33 30, Fax 61 33 29

 Karte
Wanderkarte »Der ganze Harz«,
mit den Wegmarkierungen des
Harzclubs e.V., RV-Verlag. Maßstab
1:50 000

20 Von Braunlage entlang des Oder-Stausees nach Bad Lauterberg

Tourenlänge
18 km

Durchschnittliche Gehzeit
6 Std.

Etappen
Braunlage – Kaiserweg – Oder-Stausee – Talsperre – Bad Lauterberg

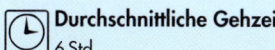

Steigung
320 m Höhenunterschied

Eignung für Kinder
Ab 8 Jahren

Interessantes am Weg
Heimat- und Skimuseum Braunlage mit den ältesten Schneeschuhen und Schlitten; Eisstadion Braunlage zum sommerlichen Schlittschuhlaufen; Wurmberg mit Kabinenbahn und Schanze; Oder-Stausee; Bad Lauterberger Museen (siehe Tour 15)

Wegstruktur
Überwiegend Feld- und Waldwege, Forststraßen mit Schotter

Wegmarkierung
Blauer Punkt und gelbes Dreieck

Auch wenn wir in diesem Wanderführer nicht gerade die Tips für die besten Skipisten, Sesselbahnen und Loipen anbieten, so kommt man doch nicht umhin, unseren Startplatz Braunlage als den Harzer Wintersportort Nummer Eins zu beschreiben. Immerhin ist hier in den letzten Jahren nicht nur ein schneesicheres Gebiet ausgewiesen. Nein – hier in Braunlage erfand der Oberförster Arthur Ulrichs vielmehr schon anno 1883 erstmals für Deutschland den Skilauf, weil er seinen Waldarbeitern glatte Schneeschuhe unter die Füße schnallte. Was bestens nachzusehen ist in dem Skimuseum gegenüber dem Kurgastzentrum. Und Wintersport kann man an Braunlages Wurmberg (mit 971 m der zweithöchste des Harzes) sogar im Sommer ausüben, indem man von der Wurmbergschanze »trockenspringt« oder in der international gerühmten Eissporthalle Schlittschuh läuft. Sollten Sie zum Start Ihrer Wanderung erst einmal einen herrlichen Blick über die ganze Route genießen wollen, so müssen Sie mit der Kabinenbahn die 17 Minuten hinaufzuckeln zum Wurmberg. Es lohnt sich. Der Brocken wird bei 4 km Luftlinie fast schon zum Hausberg deklariert. Der Abstieg zum Schützenhaus ist recht einfach, gar nicht steil, und dann wandern wir dem gelben Dreieck folgend zum »Forellengrund«, von diesem sodann weiter bis zum Teilstück des berühmten Harzer »Kaiserweges«. Doch wir verlassen diesen fürstlichen Pfad nach etwa zwei km und biegen durch tiefen Wald hinter dem »Kapellenfleck« rechts auf die mit blauem Punkt im

weißen Dreieck markierte Strecke ab. Rechter Hand sehen wir den Breitenberg, während der Weg durch den Staatsforst über den »Glasekopf« langsam abwärts zum »Großen Espentalskopf« führt. Gelegentlich sieht man nun im Westen schon die riesige Wasserfläche des Oder-Stausees flimmern. Der Weg

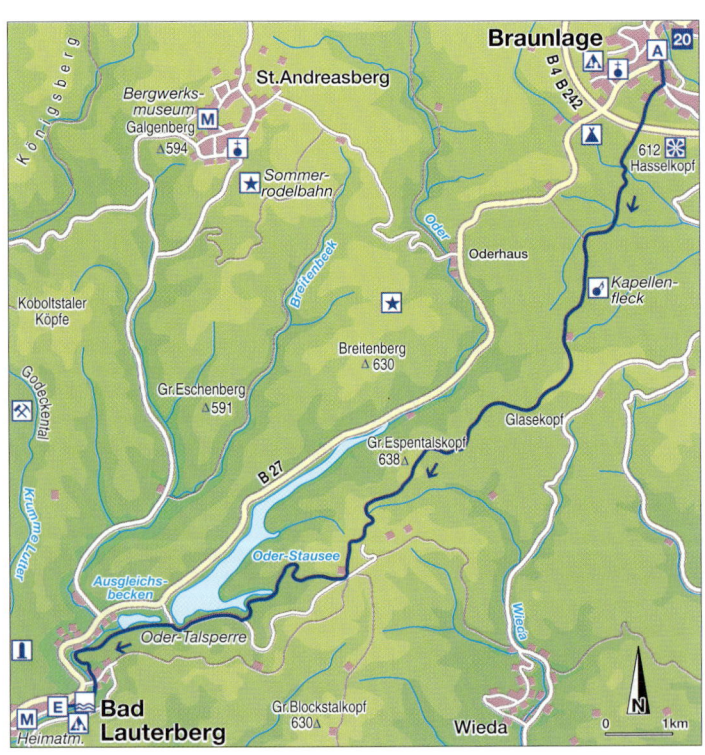

Die Oder-Talsperre, schon in den dreißiger Jahren angelegt, ist von einer Landschaft voller Ruhe und Frieden umgeben

ist wieder mit gelbem Dreieck markiert, führt jetzt durch Wiesen und landwirtschaftliche Flächen hinter dem »Jagdkopf« direkt an den Oder-Stausee heran.

Gut zwei km genießen wir nun entlang der Ostseite des Sees das Bild der Segler, Angler und Wellen, bis wir die große Staumauer erreichen. Wir halten uns mit blauem Dreieck links am Ufer der Oder. Nach einem langen Flußknick erblickt man schon Bad Lauterberg (siehe auch Tour 15).

Informationen zur Tour

🚶 Ausgangsort
Braunlage

🚶 Zielort
Bad Lauterberg

 Anfahrt

Mit dem Pkw aus Nord bzw. Süd über die B 4, aus Ost und West über die Harzhochstraße B 242. Per Zug nach Bad Lauterberg, dann mit stündlichem Bus nach Braunlage

Rückfahrt

Wie Anfahrt

 Einkehrmöglichkeit

Unzählig viele Restaurants in Braunlage: Baumkuchen, Tannenzapfen
und Mohngebäck nur im »Cafe Bert-
hold«, Harzburgerstr. 5, Tel. 0 55 20/
4 52 (preiswert). Bad Lauterbach:
Restaurant »Riemann« an der
Promenade 1, Tel. 0 55 24/30 95
(mittel)

 Übernachtung

Sehr viele gute Hotels und Pensionen
in Braunlage: Besonders luxuriös
und mit Nightclub und Kindergarten
ist das »Maritim«, Am Pfaffenstieg,
Tel. 0 55 20/80 50, Fax 36 20 (gehoben). Bad Lauterberg: Kneipp-Hotel
»Wiesenbeker Teich«, Wiesenbek 75,
Tel. 0 55 24/29 94, Fax 29 95
(gehoben)

 Öffnungszeiten

• Heimat- und Skimuseum, Am Kurgastzentrum Elbingeröderstraße,
38700 Braunlage, Tel. 0 55 20/16 46
oder für Voranmeldung Tel. 21 57,
Di u. Fr 10 – 12 Uhr.
• Eissporthalle Braunlage, Harzbur-
ger Str., Tel. 0 55 20/21 91, tgl. ab
12 Uhr, Juni geschlossen

 Auskunft

• Kurverwaltung, Elbingeröder Str. 17,
38700 Braunlage, Tel. 0 55 20/
9 30 70, Fax 93 07 20.
• Info-Lauterberg, Ritscherstr. 4,
37431 Bad Lauterberg, Tel. 0 55 24/
9 20 40, Fax 55 06

 Karte

Wanderkarte »Der ganze Harz«,
mit den Wegmarkierungen des
Harzclubs e.V., RV-Verlag. Maßstab
1 : 50 000

**Das Kneippbad Lauterberg empfiehlt sich durch das Flair eines dezenten
Kurbetriebes**

21 Von St. Andreasberg durch das Odertal

Tourenlänge
9 km

Durchschnittliche Gehzeit
3 Std., mit Variante Wurmberg 4 Std.

Etappen
St. Andreasberg – Odertal – Rinderstall – Silberteich – Braunlage

Steigung
190 m Höhenunterschied

Eignung für Kinder
Ab 6 Jahren

Interessantes am Weg
Odertal und wie Tour 15 und 20

Wegstruktur
Überwiegend Feld- und Waldwege, auch eine asphaltierte Forststraße

Wegmarkierung
Rotes Dreieck (Variante mit rotem Punkt)

Dies ist die klassische Wanderung der Kontraste: Inmitten – besser gesagt im »Herzen des Harzes« – führt eine relativ kurze Route von der einstigen industriellen Bergwerks-Hochburg St. Andreasberg (siehe auch Tour 15) zu dem kurorientierten Waldort Braunlage (siehe auch vorige Route). »Auf der Spur der Natur« nennen die Fremdenverkehrswerber diesen Wanderweg durch den Nationalpark – und übertreiben damit nicht einmal. Über die Kumpelstadt St. Andreasberg, in der bereits 1896 der erste Skiwettlauf stattfand, sowie über das »grüne« Braunlage mit seinen Attraktionen haben Sie sich bei den Touren 15 bzw. 20 bereits informieren kön-

Im Kurort Braunlage findet man wiederholt holzverkleidete Häuser der Jahrhundertwende – Holz als Baustoff des Standortes

In der alten Bergwerksstadt St. Andreasberg gibt es die steilsten Straßen Deutschlands

nen. Jetzt also Wanderschuhe anziehen, Stock und Karte in die Hand und auf geht's! Zunächst aus St. Andreasberg heraus, am Hotel Tannhäuser vorbei und auf der ausgeschilderten Straße nach Braunlage weiter bis zum Hallenschwimmbad. Nun geht's dem roten Dreieck nach auf einem Schotterweg flugs in bewaldetes Gebiet. Fördertürme und verschlossene Stolleneingänge lassen wir hinter uns. Dichter Hochwald spendet Schatten bzw. Regenschutz, während wir jetzt ziemlich steil hinab durch das »Wendeltreppental« zunächst in ein kleines Seitental der Oder steigen. Wenig später – im eigentlichen breiten Flußtal – überqueren wir die Oderbrücke und gehen die wenigen Schritte bis zur Wald-

gaststätte »Rinderstall« hinauf. Eine kurze Ruhepause auf halbem Wege lohnt schon deshalb, weil man sich tatsächlich in »Natur pur« befindet und dies durch Vogelgezwitscher, Baumsägen oder einfach nur durch das Rauschen des Windes in Baumeswipfeln bestätigt bekommt. Von hier geht es danach über den leicht vermoosten Waldweg (»Andreasberger Fußweg«) aus der Talsohle stramm bergauf, bis wir zum romantisch im tiefen Wald gelegenen Silberteich kommen. Noch leicht steigend führt uns der Waldweg nun über drei Forststraßen hinweg, unterquert dann die B 4 (Fußgängertunnel) und bringt uns auf eine kleine Anhöhe. Von hier aus haben wir einen guten Blick auf Braunlage, auf den von uns aus nordöstlich gelegenen Wurmberg (Variante!) sowie auf die vor uns liegende, leicht talwärts ziehende letzte Wegstrecke von ca. einem Kilometer bis nach Braunlage hinein.

Informationen zur Tour

 **Ausgangsort**
St. Andreasberg

 **Zielort**
Braunlage

 **Anfahrt**
Per Pkw über die Harzhochstraße B 242, Abzweigung Braunlage nach St. Andreasberg. Über die Autobahn E 45 aus Nord oder Süd, Abfahrt Seesen und weiter auf der B 243 nach Bad Lauterberg

Rückfahrt
Per Linienbus nachmittags oder mit dem Taxi (35 DM)

Einkehrmöglichkeit
Direkt am Wanderweg, gleich oberhalb des Odertals mitten im Wald und urgemütlich: Das Gasthaus »Rinderstall«, Tel. 0 55 85/740, außer Mi (preiswert)

Übernachtung
Mit Hallenbad und Familienanschluß:

»Landhaus Fischer«, Hangweg 1, 37444 St. Andreasberg, Tel. 0 55 82/ 13 11 (siehe auch Tour 15 und 20)

Auskunft
• Kurverwaltung, 37444 St. Andreasberg, Am Glockenberg 12, Tel. 0 55 82/8 03 36, Fax 8 03 39
• Tourist-Info 38700 Braunlage, Elbingeröder Str. 17, Tel. 0 55 20/ 9 30 70, Fax 93 07 20

Karte
Wanderkarte »Der ganze Harz«, mit den Wegmarkierungen des Harzclubs e.V., RV-Verlag. Maßstab 1 : 50 000

 Variante
Für die Noch-Nicht-Ermüdeten: Durch Braunlage hindurch gen Norden, mit der Kabinenbahn hinauf zum Wurmberg (971 m) und von oben aus bei herrlichen Rundblicken langsam der Abstieg auf roter Punkt-Markierung nach Braunlage hinunter

22 Auf den Spuren von Thomas Müntzer

 Tourenlänge
8 km

 Durchschnittliche Gehzeit
3 Std.

 Etappen
Stolberg – Zechental – Großer Auerberg – Josephskreuz – Holzchaussee – Stolberg

 Steigung
Minimal, aber 200 Treppen an der Josephshöhe

 Eignung für Kinder
Ab 6 Jahren

 Interessantes am Weg
Der mittelalterliche Ortskern; Altes Bürgerhaus mit Originalexponaten von 1450; Heimatmuseum mit alter Münzwerkstatt; Josephshöhe mit dem größten Doppelkreuz der Welt

 Wegstruktur
Überwiegend Feld- und Waldwege, Forststraßen mit Schotter

 Wegmarkierung
Rotes Kreuz, grüner Balken und Dreieck sowie grüner Punkt

Als Martin Luther 1525 diesen einstigen Silber-, Gold- und Erzbergwerksort besuchte, stand er auf der Höhe der heutigen »Lutherbuche« im Südwesten der Ortschaft und sagte ganz begeistert: »Stolberg sieht aus wie ein Vogel. Das Schloß ist der Kopf, die zwei vom Markt ausgehenden Gassen die Flügel, der Markt der Rumpf, die Kirche das Herz und die Niedergasse der Schwanz«.

Zu diesem Bild gehört nicht viel Phantasie, zumal diese Bilderbuchstadt sich auch heute noch in eben jenem mittelalterlichen Gewand mit den schönsten Fachwerkhäusern des ganzen Harzes zeigt. Im Ortskern rund um den Markt und die Martini-Stadtkirche (Luther predigte hier am 21.4.1525 »wider die aufrührerischen Bauern« !) muß man nur wenige Schritte gehen, um das prächtige Rathaus von 1482, das »Alte Bürgerhaus« von 1450 und das im wohl schönsten Fachwerkhaus untergebrachte Heimatmuseum an der Niedergasse (Luther: »Der Schwanz«) zu bewundern.

Doch nicht nur auf *Martin Luther* und ihr ganzheitliches museales Stadtbild inklusive des leider stark heruntergekommenen gräflichen Schlosses derer von Stolberg-Stolberg (wegen Renovierung nicht zu betreten) sind die

Das Schloß derer von Stolberg-Stolberg bezeichnete Luther als »Kopf der Stadt«: topographisch, symbolisch und hierarchisch

1300 Stolberger stolz, sondern auch noch auf ihren berühmtesten »Sohn«: Hier – gleich hinterm Markt – wurde nämlich 1489 der spätere Theologe, Revolutionär, Luther-Gegner und Anführer des Bauernaufstandes gegen »die unverschämte Tyrannei der Herrschenden«, *Thomas Müntzer*, geboren. Nachdem sein Bauernheer bei Frankenhausen vernichtet worden war, ließ man Müntzer am 27.5.1525 hinrichten.

Das kleine Geburtshaus und das Thomas-Müntzer-Denkmal am Marktplatz erinnern uns daran, wenn wir genau von hier aus unsere Wanderung in östlicher Richtung durch die Neustadt-Straße zum Kalten Tal beginnen. Immer geradeaus geht es zunächst durchs Zechental entlang eines kleinen Baches. Die Route auf weichem Forstweg

und durch lichten Mischwald verläuft über zwei Kilometer still, harmonisch und erholsam bis zum Siebenwege-Kreuz. Hier halten wir uns auf der Alten Auerbergstraße rechts und beginnen eine sanfte Steigung. Immer der roten Kreuz-Markierung hinterher, bis wir den Großen Auerberg (579 m) oben auf dem Plateau erreicht haben.

Einige Meter weiter steht dann schon das berühmte Josephskreuz hoch über den Baumwipfeln. Das mit 38 Metern größte eiserne Doppelkreuz der Welt ist seit seinem Bau anno 1896 das Wahrzeichen des Südharzes, wiegt 123 Tonnen, verfügt über 200 Stufen bis zur Aussichtsplattform und wird mit 100.000 Nieten (!) zusammengehalten. Der Eiffel-Turm läßt grüßen. Nur daß man hier oben – hat man die 200 Stufen erst einmal ge-

schafft – nicht über das Pariser Häusermeer schaut, sondern einen viel schöneren Blick vom Brocken im Norden bis zum Kyffhäuser im Osten hat. Die 200 Treppen abwärts, darf man sich erst einmal im Bergstüberl verschnaufen, bevor der Rückweg in Südwest-Richtung angetreten wird. Grüner Balken und blaues Kreuz leiten uns durch den Wald leicht bergab zu einer Forststraße, die uns zwischen Buchen auf die Holzchaussee führt. Jetzt geht es etwas steiler bergab in den Zechengrund und via grünes Dreieck sodann wieder auf unseren Eingangsweg Zechental zurück nach Stolberg.

Informationen zur Tour

 Ausgangsort

Stolberg

 Zielort

Wie Ausgangsort

 Anfahrt

Per Zug über Nordhausen, dann mit dem Bus 25 km weiter. Per Pkw aus Erfurt, Göttingen oder Halle über die B 80 bis Nordhausen, dann 25 km ausgeschilderte Landstraße. Von Norden über die Harzhochstr. B 242 nach Hasselfelde, dann die B 4 bis Ilfeld über Neustadt und 15 km ausgeschilderte Landstraße

 Rückfahrt

Wie Anfahrt

 Einkehrmöglichkeit

Natürlich auf halbem Wege im »Bergstüberl Josephshöhe«, tgl. ab 11 Uhr, Tel. 03 46 54/4 76 (preiswert)

 Übernachtung

In Stolberg findet man sehr viele fachwerkliche Hotels. Vielleicht das schönste ist das »Kanzler« gegenüber vom Rathaus, am Markt 8, 06547 Stolberg, Tel. 03 46 54/2 05, Fax 315 (gehoben)

 Öffnungszeiten

• Altes Bürgerhaus, Rittergasse 14, Tel. 03 46 54/8 01 52, Di – Sa 9 –17 Uhr, So 10 –17 Uhr. • Heimatmuseum, Niedergasse 19, Tel. 03 46 54/ 8 01 51, Di – Sa 9 –17 , So 10 –17 Uhr

 Auskunft

Fremdenverkehrsamt, Markt 2, 06545 Stolberg, Tel. 03 46 54/ 8 01 50, Fax 8 01 11

 Karte

Wanderkarte »Der ganze Harz«, mit den Wegmarkierungen des Harzclubs e.V., RV-Verlag. Maßstab 1 : 50 000

23 Auf den Spuren der Mönche

Tourenlänge
8 km

Durchschnittliche Gehzeit
2,5 Std.

Etappen
Walkenried – Turmstraße – Prior-
teich – Bad Sachsa – Sachsenstein –
Höllstein – Walkenried

Steigung
Minimal

Eignung für Kinder
Ab 6 Jahren

Interessantes am Weg
Walkenrieder Zisterzienserklo-
ster mit prächtigem Kreuzgang, Fischteiche, Grenzlandmuseum Bad Sachsa, Märchenpark »Märchengrund« in
Bad Sachsa

Wegstruktur
Überwiegend Feld- und Waldwege, Forststraßen mit Schotter

Wegmarkierung
Grünes Dreieck und roter Punkt

Wandersleute sind Naturfreunde
und angeln gelegentlich,
manchmal wandern auch die
Angler gerne. Zwischen Walkenried und Bad Sachsa liegt
für diese Doppelspezies das Paradies. Denn hier legten fleißige
Zisterziensermönche bereits im
12. und 13. Jahrhundert so viele
Fischteiche wie sonst nirgends
im Harz an. Und sie bauten sich
1290 – 94 eine mächtige Klosterkirche, 92 Meter hoch und
36 Meter breit oberhalb von
Walkenried. Nach den Bauern-
kriegen um 1525 flohen die
Mönche, das Kloster verfiel
langsam. Doch die Ruinen der
Kirche sind auch heute noch gut
erhalten – ganz speziell der gotische Kreuzgang, in dem im
Sommer phantastische »Kreuzgangkonzerte« stattfinden.
Von hier aus starten wir unsere
kleine, aber naturintensive Wanderung gen Westen, den Klo-
sterweg hinab durch die Bahn-
hof- sowie Poststraße und ein
kurzes Stück noch entlang der
Bahngleise. Auf der Höhe des
Brunsteiches linker Hand verlassen wir die Gleisnähe und gehen dem grünen Dreieck nach
zum Affen- und dann zum
größeren Priorteich.
Hier befinden wir uns wieder in
der typischen Karstlandschaft, in
der sich tiefe Erdfälle und breite
Bodenspalten durch wassergelö-
sten Kalkstein gebildet haben.
Der Weg wird waldiger vor Furt
und die Markierung roter Punkt
führt uns nun über eine leichte

Am Südrand des Harzes blickt man bis zur benachbarten Hainleite

Anhöhe zu weiteren kleinen, verwunschenen Teichen, die wir rechter Hand sehen wie den Eck- und Hirseteich.
Ebenfalls erblicken wir jetzt schon den Stadtrand von Bad Sachsa. Der vor allem bei Kneippianern und Wintersportlern beliebte Kurort bietet nicht die museale Fachwerkatmosphäre wie andere Harzgemeinden. Doch ein Abstecher lohnt sich für diejenigen, die an dem einzigartigen Märchenpark »Märchengrund« oder am politisch aktuellen »Grenzlandmuseum« interessiert sind. Wer weiterwandern mag, biegt bei Furt scharf links ab, überquert die Landstraße, folgt weiter dem roten Punkt und erblickt nun rechter Hand neben einigen Fischteichen auch die Ruinen der Burg Sachsenstein.
Den kurzen Aufstieg dorthin kann man sich eigentlich sparen. Besser, man wandert gleich weiter zum Sachsenstein. Das sind steil abfallende Gipsfelsen mit vielen Höhlengängen. Nach-

dem wir die Bahngleise wieder überquert haben, geht es durch wilde, zerklüftete Buschwaldgegend, die sich durch ein Labyrinth von Felsbrocken, Teichen, Bodenspalten und tiefen Höhlen auszeichnet. Die Beschilderung macht es uns leicht, die Sachseneiche und den Höllstein zu finden. Ein kurzer Abstecher von 150 Metern zu einem markierten Aussichtspunkt erlaubt nochmals einen schönen Rückblick auf Bad Sachsa.

Immer noch vom roten Punkt begleitet, wandert man nun wieder auf einem Forstweg gen Osten zurück. Und wundert sich, wie viele weitere Fischteiche linker Hand angelegt sind: Sack-, Andreas-, Höll- und Röseteich bieten mitten im Mischwald einen romantischen Anblick, der jedes Wanderer- und insbesondere jedes Anglerherz höher schlagen läßt.

Wir könnten bereits vor dem Röseteich wieder links über die Bahngleise in die Walkenrieder Bahnhofstraße einbiegen. Oder aber erst 200 m weiter am Röseberg, von wo es dann links direkt in die Schloßstraße und somit zum Ausgangspunkt, der Klosterruine, zurückgeht.

Informationen zur Tour

 **Ausgangsort**

Walkenried

 **Zielort**

Wie Ausgangsort

A **Anfahrt**

Gute Zugverbindungen nach Walkenried nach Umsteigen in Nordhausen. Per Pkw aus dem Norden

via Harzhochstraße über die B 4;
von Süd und West über Göttingen,
dann B 27

Rückfahrt
Wie Hinfahrt

Einkehrmöglichkeit
Historisches Fachwerk direkt gegenüber des Walkenrieder Klosters:
»Cafe Klostermühle«, Mühlplatz,
37445 Walkenried, Tel. 0 55 25/
12 60, im Sommer tgl. ab 12, sonst
ab 14 Uhr (preiswert).

Übernachtung
• Herrschaftliches Anwesen der
Braunschweigschen Herzöge, das
»Jagdschloß Walkenried«, Am Kloster, 37445 Walkenried, Tel.
0 55 25/6 38 (mittel). • »Harzhotel
Romantischer Winkel« (nomen est
omen): Bismarckstr. 23, 37441 Bad
Sachsa, Tel. 0 55 23/10 05

Öffnungszeiten
• Kloster Walkenried, Oster- bis
Herbstferien Mo – Fr. Führungen zu
jeder vollen Stunde 10 – 12 und
14 – 17, Sa. 10 – 12 und 14 – 16, So
12 – 17 Uhr; Sonderführungen unter
Tel. 0 55 25/13 54 oder 0 55 22/
96 01 09; »Kreuzgangkonzerte« unter Tel. 0 55 21/56 10. • Grenzlandmuseum, Tettenborner Str., 37441
Bad Sachsa, nur So 10 – 12 oder für
Gruppen jederzeit unter Tel.
0 55 23/99 97 73 oder 3 00 90.
• »Märchengrund«, Ravensberg-

Str., 37441 Bad Sachsa, Tel.
0 55 23/34 34, Fax 503, Di – So
von 10 – 17 Uhr.

Auskunft
• Südharz-Info, 37445 Walkenried,
Steinweg 4, Tel. 0 55 25/3 57, Fax
0 55 86/83 44. • Kurverwaltung,
Am Kurpark 6, 37441 Bad Sachsa,
Tel. 0 55 23/3 00 90, Fax 30 09 49

Karte
Wanderkarte »Der ganze Harz«,
mit den Wegmarkierungen des
Harzclubs e.V., RV-Verlag. Maßstab
1 : 50 000

**Auf den Waldwegen des Harzes
zu wandern bedeutet immer wieder Frieden und Ruhe für Geist
und Seele**

24 Natur-lehrpfad in die Romanik

Tourenlänge
13 km

Durchschnittliche Gehzeit
4 Std.

Etappen
Ilsenburg – Naturlehrpfad –
Öhrenfeld – Darlingerode – Himmel-
pfortenwiese – Wernigerode

Steigung
Minimal

Eignung für Kinder
Ab 6 Jahre

Interessantes am Weg
Ilsenburger Altstadt und Klosteranlage; altes Forsthaus Öhrenfeld;
das weltberühmte Rathaus, das Schloß
sowie Schloßmuseum von Wernigerode

Wegstruktur
Überwiegend Feld- und Waldwege, Forststraßen mit Schotter

Wegmarkierung
Blauer und roter Balken

Hänsel und Gretel sind hier im
märchenhaft schönen Ilsenburg
am Nordharzrand geboren.
Nein, dies ist kein Märchen –
oder doch? Jedenfalls wurde

hier *Engelbert Humperdinck*
während eines Urlaubs zum
Schreiben seiner Märchenoper
»Hänsel und Gretel« inspiriert.
Schon zuvor fanden andere Pro-
minente das 1000 Jahre alte
Städtchen (995 erstmals als
»Elysinaburg« urkundlich erwähnt) am Ausgang des romantischen Ilsetals mit seiner Altstadt
rund um den Marktplatz total
bezaubernd – nämlich Zar Peter
der Große, Kronprinz Friedrich
Wilhelm II. und der arabische
König Fuad.
Wir Normalsterblichen starten
unsere Wanderung nach einer
kleinen Stadtumrundung durchs
restaurierte Fachwerk-Mittelalter
von der romanischen Klosterkirche St. Petri aus, dem Ausgangspunkt der »Straße der Ro-
manik«. Durch den Schloßpark
(die wichtigsten Gebäude der
einstigen Kloster- und Schloßan-
lage sind aus Sicherheitsgrün-
den nicht begehbar!) wandern
wir zum Rösekenhai-Teich und
dann durch einen kleinen Nadelwald des sogenannten Mönchs-
grabens bis zum Beginn des
offiziellen Naturlehrpfades. Dieser ist mit blauem und rotem
Balken markiert und zeigt auf
mehreren Schautafeln alles Wis-
senswerte über Holzwirtschaft,
Pflanzen und Vogelwelt.
So wandert man recht unterhalt-
sam durch das Klosterholz,

durch Laubmischwald und an Wildfutterstellen vorbei bis nach Öhrenfeld.

Hier pausieren wir in einem zum gemütlichen Gasthof umgebauten ehemaligen Forsthaus von 1736. Kurz dahinter endet der Lehrpfad, mündet in den offiziellen Wanderweg nach Wernigerode. Wir wandern durch das Dörfchen Darlingerode über Sumpfwiesenwege und den kleinen Gassenberg weiter bis zum Ütschenteich (»Froschteich«). Hinter dieser Wasserscheide kommt man bald zur Himmelpfortenwiese. Sechs Fischteiche rechter Hand, von Mönchen des zerstörten Klosters »Himmelpforte« vor 500 Jahren angelegt, begleiten unseren Weg nun bis zum Weinberg.

Von hier aus sieht man bereits das alles überragende Schloß der »bunten Stadt«, wie Wernigerode wegen seiner farbenprächtigen Fachwerkgebäude auch genannt wird. Während wir uns über die Friedrichstraße direkt der Altstadt nähern, vermitteln der Schloßturm wie auch die Zinnen des sensationell gut erhaltenen Fürstenhauses (erstmals 1213 erbaut) den Eindruck, als habe hier einst der bayerische Märchenkönig Ludwig II. gebaut. Doch es waren »nur« die Fürsten derer von Stolberg-Wernigerode. Unsere Wande-

Wernigerode: »Alles ist da, was das Herz begehrt, lustiges Treiben und träumerische Stille, städtische Eleganz und dörfliche Einfachheit« (Hermann Löns)

rung darf nicht enden, ohne daß wir über die Kopfsteinpflaster zwischen Schloßberg, Markt- und Nicolaiplatz geschlendert sind.

Denn schon Hermann Löns schrieb 1907 im Hannoverschen Tageblatt: »Alle Städte, den Harz hinauf, den Harz hinab, haben ihre Schätze und Kostbarkeiten. Keine aber ist so reich und so bunt wie Wernigerode. Alles ist da, was das Herz begehrt, lustiges Treiben und träumerische Stille, städtische Eleganz und dörfliche Einfachheit.« Und so ist es auch heute noch: Die »Eleganz« des neugotischen

**Das Wernigeröder Rathaus –
1277 als »Spelhus« erwähnt, seit
1544 für die Ratsherren da**

Schlosses, die »dörfliche Einfachheit« gleich hinterm Rathaus
mit dem Oberpfarrkirchhof und
dem wohl schönsten Fachwerkhaus (Nr. 13, aus dem 15. Jh.).
Aber »reich und bunt« in Vollen-
dung zeigt sich das berühmte
rotbraune Rathaus mit all den
Farben, Verzierungen und mit
den vielen spitzen Türmchen.
1277 wurde es erstmals als
»Spelhus« erwähnt – als Stätte
mittelalterlicher Vergnügungen
»für Gaukler, Hochzeiten, Tanz-
veranstaltungen und Zauberer«.
Während wir uns einfach weiter
durch die Fachwerkgassen zum
nahen Ziel, dem historischen
»Café Wien« (»Schreibstube«

von Löns!) hinter der Breite
Straße treiben lassen, erkennen
wir, daß Wernigerode eben
schon vor 700 Jahren *verzau-
bern* konnte...

Informationen zur Tour

🚶 Ausgangsort
Ilsenburg

🚶 Zielort
Wernigerode

🅰️ Anfahrt
Ilsenburg wie auch Wernigerode haben Zuganschlüsse nach Braunschweig, Hannover, Goslar und
Quedlinburg. Außerdem beginnt
und endet hier die Harzquerbahn.
Per Pkw sind beide Orte aus West
und Ost über die B 4 direkt zu erreichen, aus dem Süden und Norden
über die B 244

🚶 Rückfahrt
Wie Anfahrt

🍴 Einkehrmöglichkeit
• »Zu den Rothen Forellen« (Blick
auf den Forellenteich), Marktplatz 2,
38871 Ilsenburg, Tel. 03 94 52/
93 93, Fax 93 99, tgl. ab 12 Uhr (gehoben). • »Fürsten-Grotte« (Rustika-
les Kellerlokal), Burgberg 9, 38855
Wernigerode, Tel. 0 39 43/2 32 34,
Fax 4 98 61, tgl. ab 12 Uhr (mittel)

Übernachtung

Freie Auswahl für jeden Geschmack. Aber warum nicht einmal in einem richtigen Schloß? • »Schloßhotel Ilsenburg«, Schloßstr. 26, 3 88 71 Ilsenburg, Tel. 03 94 52/9 70, Fax 9 72 13 (mittel). Ebenso traditionsreich mitten im musealen Wernigerode wohnt man im • »Hotel Gothisches Haus« (15. Jh., innen moderner Luxus), Am Marktplatz 1, 38855 Wernigerode, Tel. 0 39 43/37 50, Fax 37 55 37 (gehoben)

 Öffnungszeiten

• Ilsenburger Klosteranlage, Führungen Di – Fr 13, Sa u. So 11 Uhr.

• Schloß und Schloßmuseum Wernigerode, Mai – Okt. tgl 10 – 18 Uhr, Nov. – Apr. Di – So 10 – 17 Uhr

 Auskunft

• Fremdenverkehrsamt Ilsenburg, Marktplatz 1, 38871 Ilsenburg, Tel. 03 94 52/8 41 52, Fax 8 41 54.
• Wernigerode Tourismusbüro, Nicolaiplatz 1, 38855 Wernigerode, Tel. 0 39 43/3 30 35, Fax 3 20 40

 Karte

Wanderkarte »Der ganze Harz«, mit den Wegmarkierungen des Harzclubs e.V., RV-Verlag. Maßstab 1 : 50 000

25 Unter Kastanien durchs Selketal

 Tourenlänge
13 km

 Durchschnittliche Gehzeit
6 Std.

 Etappen
Ballenstedt – Burg Falkenstein –
Selketal – Mägdesprung

 Steigung
210 m talauf, talab

 Eignung für Kinder
Ab 8 Jahren

 Interessantes am Weg
Ballenstedts Barockschloß, Burg
Falkenstein

 Wegstruktur
Überwiegend Feld- und Waldwege, Forststraßen mit Schotter

 Wegmarkierung
Roter Punkt, blaues Dreieck und
namentliche Wegweiser

Der ehemalige Stammsitz der
Askasier sowie der Herzöge von
Anhalt-Bernburg soll unser Ausgangspunkt für diese einzigartige Naturwanderung sein. Eine
prächtige Allee, gesäumt mit
barocken und klassizistischen
Bauten sowie mächtigen Kastanienbäumen, führt vom fachwerklich renovierten Altstadtkern
Ballenstedts durch eine weitläu-
fige Schloßparkanlage (von
Lenné 1858-1863 angelegt)
direkt hinauf zum barocken
Schloß (18. Jh.). Nebenan im
fast kitschig-überfrachteten,
aber dennoch wunderschönen
Schloßtheater wirkten einst
schon Albert Lortzing (1846) und
Franz Liszt (1852).
Vom Schloßteich aus gehen wir
nach Besichtigung am südlichen
Stadtrand und am »Kohlen-
schacht« entlang auf den Fal-
kenweg. Hier wird's grün, der
Mischwald zieht sich durch die
Mansfelder Berge. Wobei »Hügel« der bessere Ausdruck wäre, denn die Schotterstraße führt
nur leicht bergauf und ab.
Hinterm »Eckartsberg«, nachdem wir das Schild »Jugendher-
berge« passiert haben, können
wir den schönen Blick über das
Tal hinweg zur gegenüberlie-
genden Burg Falkenstein genießen. Ein etwas steiler Waldweg fällt nun bergab ins
Selketal. Über eine Brücke hinüber, am Gasthof »Zum Falken«
vorbei, geht's gleich wieder mit
blauer Markierung und 134 m
Höhenunterschied einen guten
Kilometer zur Burg hinauf. Die
Anstrengung lohnt sich. Die
Burg gilt als eine der schönsten

Die breite Talaue der Selke, gelegentlich durch Kuhwiesen genutzt, bietet ein Bild des Friedens

und besterhaltenen des ganzen Harzes. Sie wurde zwischen dem 12. und 16. Jahrhundert erbaut und beherbergt ein interessantes kultur- und jagdgeschichtliches Museum aus dieser Zeit. Vor der Burg liegt ein Gedenkstein an *Eike von Repkow*, dem Verfasser des »Sachsenspiegels« von 1230 – dem ersten deutschen Gesetzbuch, gültig bis ins 19. Jh. hinein.
Der Abstieg von der Burg führt durch dichten Wald wieder 134 m hinunter ins Selketal direkt auf die gemütliche »Gaststätte Talmühle« zu. Ab hier beginnt eigentlich erst der schönste Teil der Wanderung, nämlich rund zehn gemächlich-gemütliche Schlenderkilometer durchs Selketal. Zunächst wandelt man unter hohen Kastanienbäumen auf Schotterwegen – immer linker

Hand den plätschernden Fluß. Zwischen Fluß und Weg liegen Kuhwiesen und Pferdekoppeln – ein friedliches Bild.
Hinter dem Gasthaus »Selkemühle« – der letzten Chance zur Rast – verengt sich das Tal, zwischen den Bäumen entdeckt man Schieferfelsen. Die Selke fließt hier im Herbst schon ziemlich kräftig, das Plätschern wird zum Rauschen. Der Fluß sowie unser Wanderweg führen nun kurvenreicher bis nach Mägdesprung. Die Attraktion dieses leider noch ziemlich verfallenen Ortes ist die Selketalbahn. Wer nicht mit dem Taxi oder Bus auf der B 185 nach Ballenstedt zurück muß, der kann von hier aus im Nostalgiewaggon hinter der tutenden, schnaufenden Dampflok nach Gernrode oder Alexisbad fahren.

Informationen zur Tour

 Ausgangsort
Ballenstedt

 Zielort
Mägdesprung

 Anfahrt
Mit dem Pkw von Dessau und Magdeburg über Aschersleben, aber auch vom Südharz auf der B 185 nach Ballenstedt

 Rückfahrt
Wie Anfahrt

 Einkehrmöglichkeit
Rasthaus »Talmühle« unterhalb der Burg Falkenstein, Falkensteiner Weg 1, Tel. 0 35 95/81 25, tgl. ab 10 Uhr (preiswert)

 Übernachtung
Hotel »Ratskeller«, Rathausplatz 3, 06493 Ballenstedt, Tel. 03 94 83/85 34 (mittel)

 Öffnungszeiten
• Ballenstedter Schloß mit Schloßtheater und Schloßmuseum, Allee 37, Mo–Fr 9–13 und 14–17 Uhr.
• Burg Falkenstein, Tel. 03 4743/81 35, Di–Fr. 9–17, Sa/So 9–18 Uhr

 Auskunft
Stadtinformation Ballenstedt, Allee 50,

06493 Ballenstedt, Tel./Fax 03 94 83/ 2 63

 Karte
Wanderkarte »Der ganze Harz«, mit den Wegmarkierungen des Harzclubs e.V., RV-Verlag. Maßstab 1:50 000

 Variante
Wer drei Kilometer, die Burg Falkenstein und den schönsten Teil des Selketals einsparen möchte, der kann kurz hinter Ballenstedt am Neuen Teich über die rotmarkierte Leimuferstraße ins Selketal bis zur Selkemühle auf unseren eigentlichen Wanderweg stoßen

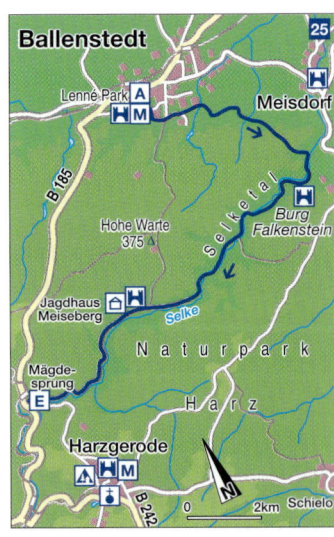

102

26 Voll unter Dampf zum Rabensteiner Stollen

 Tourenlänge
11,5 km

 Durchschnittliche Gehzeit
Ca. 3 Std.

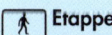 **Etappen**
Ilfeld – Rabensteiner Stollen – Netzkater – Dreitälerblick – Rabenkopf – Kaulberg – Ilfeld

 Steigung
240 m Höhenunterschied

 Eignung für Kinder
Ab 8 Jahren

 Interessantes am Weg
Das einzige Harzer Steinkohlebergwerk, der »Rabensteiner Stollen«, Dreitälerblick

 Wegstruktur
Überwiegend Feld- und Waldwege, Forststraßen mit Schotter

 Wegmarkierung
Gelbes Viereck, grüner Punkt, blaues Kreuz

Wer sich zuvor voll unter Dampf setzt und mit der tutenden Harzquerbahn aus Wernigerode oder von Nordhausen her durch den Südharz nach Ilfeld fährt, der wird schon vor der Wanderung enorme Kurven und Steigungen von 240 auf 540 m registrieren. Und er wird durchs Zugfenster die phantastischen Felsformationen insbesondere im Ilfelder Tal bei Netzkater bewundern können, ohne selbst zunächst körperlichen Dampf ablassen zu müssen.

Wir beginnen unsere Wanderung folglich ganz ausgeruht am Ilfelder Bahnhof und schauen nur kurz zu den Ruinen des Klosters Ilburg (oder was davon übriggeblieben ist) hinauf. Dieses Kloster ließ anno 1189 Graf Elger II. als Dank für sein Überleben der Wallfahrt nach Jerusalem unter Heinrich dem Löwen erbauen. Nach der Zerstörung im Bauernkrieg 1525 wurde aus den Ruinen eine Klosterschule. Darüberhinaus hat die alte Bergarbeiterstadt Ilfeld auch nicht viel mehr zu bieten als das traumhaft schön zwischen Felsen dahinplätschernde Bachtal der Bere. Und eben in diese Richtung starten wir jetzt vom Bahnhof aus in Richtung Krankenhaus parallel zu den Dampflokgleisen. Gleich hinterm Ortsrand wird es buschig, dann waldig. Zwischen skurrilen Felsformationen führt der gelbmarkierte Weg oberhalb der Bere und unterhalb der Harzquerbahn an den stillgelegten Otto- und Richterstollen vorbei etwa 3 km nördlich bis zum Rabensteiner Stollen. Hier wurde von 1750 bis 1960 nicht Gold, nicht Silber oder sonst ein Erz abgebaut wie sonst überall im Harz. Nein, ganz normale Steinkohle wie im Ruhrgebiet – einmalig für den Harz! Bei einer Führung durch Stollen und Blindschacht kann man heute Fördertechnik aus drei Jahrhunderten bestaunen und in einem originalen Mannschaftsgrubenzug unter Tage fahren.

Oberirdisch wird es hinter Netzkater entlang dem grünen Punkt und der blauen Kreuz-Markierung denn aber doch wieder schöner. Wir verlassen langsam das Beretal und halten uns süd-

ostwärts. Ein enger Pfad führt uns durch Buschwald serpentinenmäßig hoch zum sogenannten »Dreitälerblick«. Hier treffen Beretal, der Brandebach und der Schuppenfluß zusammen. Von einem Plateau etwa 200 Meter über Flußhöhe hat man einen traumhaften Überblick.

Nun müssen wir nur noch den 454 m hohen Rabenkopf auf einem angenehmen Waldweg überwinden, um dann wieder leicht abwärts auf einem Steilhangpfad am Kaulberg (512 m) vorbeizuwandern. Der Wald lichtet sich etwa einen Kilometer vor Ilfeld, man geht an Feld und Wiesen und der wie ein »Gänseschnabel« aussehenden Felsformation vorbei. Beim »Bielstein« haben wir nochmal einen guten Blick ins rechter Hand liegende Beretal. Am Sportplatz vorbei gehen wir nach Ilfeld zum Bahnhof zurück, um uns von dort wieder unter Dampf zum eigentlichen Urlaubsort fahren zu lassen...

Informationen zur Tour

Start **Ausgangsort**
Ilfeld

Ziel **Zielort**
Wie Ausgangsort

Mit der Harzquerbahn kann man Ilfeld von Wernigerode aus erreichen

Anfahrt
Am besten mit der Harzquerbahn.
Per Pkw über die B 4

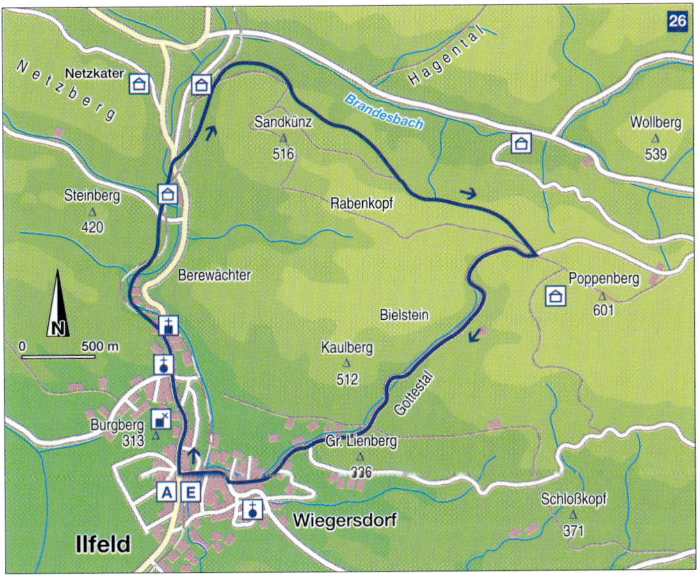

Rückfahrt
Wie Anfahrt

Einkehrmöglichkeit
Keine auf der Wanderroute. Wasser-
flasche mitnehmen! In Ilfeld z.B. an der
Dorfstraße die preiswerten Gasthäuser
»Zur Tanne« oder »Falkenstein«

Übernachtung
Oberhalb von Ilfeld, mit Freibad und
Minigolf: Hotel »Hufhaus«, 99768 Ilfeld, Tel. 03 63 31/4 81 25, Fax
4 81 26 (mittel)

Öffnungszeiten
Rabensteiner Stollenmuseum, Netzkater 8, 99768 Ilfeld, Tel./Fax
03 63 31/4 81 53, Di – So 10 – 17 Uhr

Auskunft
Kurverwaltung Ilfeld, Ilgerstr. 23,
99768 Ilfeld, Tel. 03 63 31/63 02,
Fax 63 95

Karte
Wanderkarte »Der ganze Harz«,
mit Wegmarkierungen des Harzclubs
e.V., RV-Verlag. Maßstab 1 : 50 000

27 Auf den Spuren Heinrichs des Löwen

 Tourenlänge
9 km

 Durchschnittliche Gehzeit
Ca. 3 Stunden

 Etappen
Bad Suderode – Lauenburg – Stecklenburg – Bad Suderode

 Steigung
210 m Höhenunterschied

 Eignung für Kinder
Ab 6 Jahren

 Interessantes am Weg
Lauenburg, Stecklenburg

 Wegstruktur
Überwiegend Feld- und Waldwege, Forststraßen mit Schotter

Wegmarkierung
Keine, aber Wegweiser

Vergeßliche, die ihren Proviant nicht im Rucksack haben, werden in dem kleinen Ort Bad Suderode am Nordharz noch rechtzeitig ermahnt. Denn gleich beim Ausgangspunkt unserer Wanderung auf historischen Spuren – gleich hinter Kurpark und Rathaus – erinnert uns der *Hungerstein* an das hierorts katastrophale Hungerjahr 1847, als die Hälfte der Suderoder Bevölkerung vor Hunger starb. Mittlerweile geht's den Suderodern aber besser – dank einer stetig sprudelnden Solequelle mit dem höchsten Kalziumanteil ganz Deutschlands. Gerade sind ein neues Kurzentrum, ein Hallenbad und ein neuer Wanderlehrpfad entstanden.

Dorthin führt uns vom Thomas-Müntzer-Turm ein hübscher Waldweg aus dem Städtchen hinaus und zum früheren Forsthaus hin, das heute »Neue Schänke« heißt. Nun wird der Wanderer in alte Kriegszeiten zurückversetzt, während er zwischen Erdwällen und Gräben auf den alten Söldnerspuren des Dreißigjährigen Krieges wandelt und insbesondere die Verteidigungslinien des Siebenjährigen Kriegs (1756 – 1763) beschreitet. Hinter **Friedrichsbrunn** jedoch wird es wieder friedlicher und man zieht eine große Rechtskurve durch lichten Mischwald gen Norden, überquert auf einer kleinen Brücke den Wurmbach und kommt wenig später direkt auf die Ruine der einstigen Reichsfeste **Lauenburg** (350 m) zu. Hier wohnte sehr oft der sächsi-

Ruinen am Harzrand: Lauenburg, Stecklenburg oder, wie hier im Bild, Hohnstein

sche Herzog Heinrich der Löwe (1129–1195), der auf seine Kreuzzüge bis nach Jerusalem sehr viele Harzer Soldaten mitnahm. Neben der Harzburg war die Lauenburg damals die stärkste Festung des sogenannten »Reichsbannforstes«.
Auf unserem Weg, gut ausgeschildert und nicht weit von der einstigen »Löwen«-Hochburg,

liegt in nördlicher Richtung die Ruine der Stecklenburg. Diese Straßenburg brannte leider im 18. Jh. total aus; die wenigen Ruinen stehen dennoch unter Denkmalschutz. Gleich dahinter beginnt das Dorf Stecklenburg, von dem uns ein Weg neben der Landstraße den letzten Kilometer wieder zurück nach Bad Suderode führt.

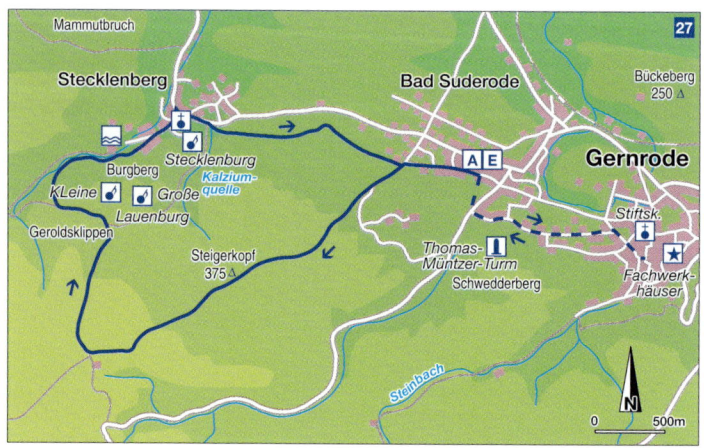

Informationen zur Tour

 Ausgangsort
Bad Suderode

 Zielort
Wie Ausgangsort

 Anfahrt
Per Zug und dann Bus von Quedlinburg 9 km südliche Landstraße. Per Pkw aus Süden über die Harzhochstraße 242 und dann die B 185 über Gernrode nach Bad Suderode. Aus dem Norden und Ost/West über die B 6 und Quedlinburg

 Rückfahrt
Wie Anfahrt

 Einkehrmöglichkeit
Romantisches Cafe »Waldblick«, Tempelstraße 3, 06507 Bad Suderode, Tel. 03 94 85/6 11 35, Di – So ab 11 Uhr (preiswert)

 Übernachtung
Familiäres Hotel »Am Kurpark«, Jägerstr. 7, 06507 Bad Suderode, Tel. 03 94 85/5 00 94 (preiswert)

 Auskunft
Kurverwaltung, Rathausplatz 2, 06507 Bad Suderode, Tel. 03 94 85/3 20, Fax 4 85

 Karte
Wanderkarte »Der ganze Harz«, mit den Wegmarkierungen des Harzclubs e. V., RV-Verlag. Maßstab 1 : 50 000

28 Von Hohegeiß und Benneckenstein

Tourenlänge
10 km

Durchschnittliche Gehzeit
4 Std.

Etappen
Hohegeiß – Benneckenstein – Krugbergwasser – Sophienhof – Eisfelder Thalmühle

Steigung
210 m

Eignung für Kinder
Ab 6 Jahren

Interessantes am Weg
Die einstigen DDR-Grenzbefestigungen zwischen den Orten

Wegstruktur
Überwiegend Feld- und Waldwege, Forststraßen mit Schotter

Wegmarkierung
Roter Punkt

Hohegeiß nennt sich selbst Bergdorf, der einstige Bergarbeiterort **Benneckenstein** ist eine Stadt. Dazwischen liegen gerade mal zwei Kilometer – und doch auch Welten. Denn Hohegeiß gibt sich an Wochenenden geradezu weltstädtisch, im größeren Benneckenstein jedoch geht es noch eher dörflich zu. Schuld daran ist die DDR-Grenze, die hier 45 Jahre lang zwischen arm und reich entschied. Gerade deswegen sind auch beide Orte vergleichsweise *sehenswert*, ohne besondere Sehenswürdigkeiten wie Schlösser, Museen oder kunsthistorische Kirchen vorzeigen zu können.

Im waldreichen Hohegeiß-Gebiet bauten bereits 1444 Mönche eine »alta capella« . Die »Hohe Kapelle« steht nicht mehr, der Name kam aber über Umwege (lat. »capella« heißt auch »Ziege«) als »Hohe Geiß« in die Gemeindeurkunde. Am südwestlichen Ortsrand beginnt heute das Naturschutzgebiet »Dicke Tannen« mit den 300jährigen, riesengroßen Rottannen. Von dem Kurhaus des Bergdorfes (642 m ü. M.) starten wir dann durch blühende Bergwiesen und Mischwald, kommen ziemlich schnell an die einstige deutsch-deutsche Grenze. Alte Zäune und umgefallene, dahinmodernde Warnschilder sollen uns an die Trennung erinnern. Doch einige Meter weiter hört

109

man bereits die schnaufende Bergbahnlok tuten und am Waldesrand sehen wir den im Tal der Rappbode langgestreckten Ort **Benneckenstein**.
Der fachwerkliche Charme mit dem Reiz eines Höhenluftkurortes zieht schon wieder Urlauber aus dem Westen an. Das neue Kurzentrum sowie das neue Er-

Die Pfarrkirche »Zur Himmelspforte« in Hohegeiß: schlichte Holzarchitektur für ein Gotteshaus

lebnishallenbad sind bereits Antworten auf die neue Herausforderung. Wir wandern durch die saubere Hauptstraße in den Mühlenweg und an der Schieferkirche vorbei bis über die Brücken der **Rappbode** und später des **Krugbergwassers**. Nun geht es immer der Roten-Punkt-Markierung entlang, an Fischteichen vorüber und durch wunderschönen Mischwald. Später, ab Stierberg (602 m), begleitet uns wieder die Harzquerbahn bzw. nur die Gleise, wenn nicht gerade ein Dampflok vorbeischnauft.
In **Sophienhof** lädt der Gasthof »Brauner Hirsch« wenigstens zu einer Verschnaufpause ein, ehe man die letzten zwei Kilometer leichten Fußes ins Tal der **Eisfelder Thalmühle** hinabsteigt. Am Bahnhof steigt man nun am besten in die näch-

sten Waggons der bald ab-
fahrenden Dampflok (siehe auch
den nächsten »Wandervor-
schlag«).

Informationen zur Tour

 Ausgangsort

Hohegeiß

 Zielort

Eisfelder Thalmühle

 Anfahrt

Von Braunlage oder Benneckenstein mit dem Bus nach Hohegeiß.
Oder zuvor mit der Harzquerbahn
bis nach Benneckenstein. Per Pkw
über die Harzhochstraße 242 bzw.
auch von Süden über die B 4 nach
Hohegeiß (Taxi Tel. 65 39 oder
27 75)

 Rückfahrt

Wie Anfahrt

 Einkehrmöglichkeit

• »Landhaus bei Wolfgang«,
Hindenburgstr. 6, 38700 Hohegeiß,
Tel. 0 55 83/8 88, Fax 13 54,
außer Do 11 – 14 und ab 18 Uhr
(mittel).
• »Zwei Löwen« im Fachwerkbau an
der Bahnhofstr. 31, 38877 Benneckenstein, Tel. 03 94 57/2 22,
Di – So (preiswert)

 Übernachtung

Gemütlich, ruhig und trotzdem zentral: • »Hotel Rust«, Am Brande 3,
38700 Hohegeiß, Tel. 0 55 83/8 31,
Fax 3 64 (mittel).
• Romantisch in Nähe der Waldbühne von Benneckenstein, Hotel
Harzhaus, Heringsbrunnen 1,
Tel. 03 94 57/9 40, Fax 9 44 99
(mittel)

 Auskunft

• Kurverwaltung Hohegeiß, Kirchstr. 15 a, 38700 Hohegeiß, Tel.
0 55 83/2 41, Fax 12 35.
• Kurverwaltung Benneckenstein,
Am Kurpark, 38877 Benneckenstein, Tel. 03 94 57/98 10, Fax 26 10

 **Karte**

Wanderkarte »Der ganze Harz«, mit
den Wegmarkierungen des Harzclubs
e.V., RV-Verlag. Maßstab 1 : 50 000

Friedlich duckt sich Benneckenstein in eine Talsenke

Extratouren

29 Nostalgie unter Volldampf

Daß das Wandern des Müllers
Lust ist, wissen wir schon seit
frühester Kindheit zu singen.
Daß Vielwanderer aber auch
gerne unter Dampf stehen, das
weiß nur, wer die Schmalspurbahnen im Harz erlebt hat. Sie
saufen und rauchen, sie pfeifen
und keuchen, sie schnaufen und
quietschen – nein, nicht die
Wanderer sind gemeint, sondern die insgesamt 25 historischen Dampfloks, die für die
Gesellschaft der »Harzer
Schmalspur-Bahnen« (HSB)
querbergein durch die schönsten
Harzer Gegenden zuckeln. Seit
über einhundert Jahren bereits
bedienen diese 700-PS-Monster
Waldarbeiter, Förster, Holzbau-
ern und Wandersleute auf rund
131 Kilometern mit drei verschiedenen Streckennetzen und
35 Bahnhöfen: Die längste ist
die Harzquerbahn von Wernigerode bis Nordhausen-Nord,
die romantischste die Selketalbahn zwischen Gernrode und
Eisfelder Talmühle und die beliebteste ist die Brockenbahn,
weil sich die meisten lieber von
Drei-Annen-Hohne aus in nur
50 Minuten in die luftige Höhe
von 1125 Metern hochziehen
lassen, statt die eigene Musku-
latur über Stunden zu strapazieren.
In nur 14 Jahren – zwischen
1886 und 1899 – hatten preußi-
sche Ingenieure das kleine technische Wunder vollbracht, 131,5
Kilometer Schienen durch wilde
Täler, über rauhe Bergrücken

**»Mit uns fährt die alte Zeit« – das
ist das Nostalgiegefühl der Harzquerbahn**

und entlang steiler Hänge zu legen. Das war die Verbindung zwischen Mittelalter und Neuzeit, die den Harz mit seinen Bodenschätzen, Holzvorkommen und bereits beginnendem Tourismus nun an das wirtschaftlich aufstrebende Deutschland anschloß. 1974, als Diesel- und E-Loks fast überall die schönen Schnauferllokomotiven vertrieben hatten, stellte man die gesamten Harzer Schmalspurbahnen inklusive Bahnhöfe und Lokomotiven unter Denkmalschutz.

So verhext wie der Brockengipfel, so sagenhaft sind diese Nostalgiezüge. Sie gehören in die Täler und auf die Hügel des Harzes wie die Tannen, die Fachwerkstädtchen und die Erzminen. Ohne diese Schmalspurbahnen hätten viele Wanderer überhaupt keine Chance, während eines einzigen Urlaubs möglicherweise bis zu zehn verschiedene Routen begehen zu können.

Das Praktische daran: Man kann sich als *Kombihüpfer* vortrefflich amüsieren. Kombihüpfer sind die, die von dem Ort X aus zu einem Bahnhof der HSB wandern, um dann per Zuckelbahn im 25-km/h-Sausewind zurückgefahren zu werden. Oder es sind die, die irgendwo einsteigen und dann dort, wo

sie im Vorbeifahren eine schöne Gegend gesehen haben, spontan an der nächsten Haltestelle aussteigen und zur vorigen Station zurückwandern. Auch gibt es viele, die mit der Harzquerbahn nach Sophienhof reisen, von dort in nordöstlicher Richtung über die Bärenhöhe bis nach Hasselfelde wandern und die Selketalbahn besteigen. Für Nostalgiker, Bahnfreunde und Kombihüpfer gleichermaßen interessant ist, daß alle drei Streckennetze verbunden sind. Man kann also von Gernrode mit der Selketalbahn bis Netzkater fahren, dort in die Harzquerbahn einsteigen, sich von ihr in einem bewirtschafteten Speisewagen bis Drei-Annen-Hohne ziehen lassen und dann in die berühmte Brockenbahn umsteigen.

Im Verlauf aller drei Strecken werden über 400 Brücken, Wasserdurchlässe und Überführungen passiert sowie ein einziger, 70 m langer Tunnel zwischen Drei-Annen-Hohne und Steinerne Renne durchquert. Hier ganz in der Nähe beträgt der kleinste Bogenradius der Bimmelbahn gerade mal 60 Meter. Das steilste Stück, das sich die Brockenbahn leistet, beträgt eine Steigung von 25 Prozent.

Mit diesen gemütlichen, langsamen, ungefährlichen und überall anhaltenden Dampfrössern der HSB kann man auch richtig schön »*bahnwandern*«. Ich meine, daß man sich gar keine speziellen Wanderwege aussuchen muß. Vielmehr sollte man sich einen ganzen Tag lang nur mehrgleisig durch die Bergwelt kutschieren lassen, steigt mal hier oder da aus und wartet an anderer Stelle auf den nächsten der über den ganzen Tag hinweg regelmäßig fahrenden Dampfzüge.

Und wer einmal in seinem Leben einen Kindheitstraum wahrmachen und Lokomotivführer spielen möchte, der darf (nach Voranmeldung unter Tel. 55 82 80 und gegen ein Entgelt von DM 60,– DM) tatsächlich zwischen Schierke und Brocken dreißig Minuten lang ganz vorne im Führerhäuschen *mitmischen* – Kohle, Feuer, Ruß und Schweiß.

Daten zur Harzquerbahn

Von Wernigerode bis Nordhausen sind es 60,5 Kilometer und rund drei schöne Fahrstunden. Mit knapp 400 zu über- oder unterquerenden Brücken sowie dem einzigen Harzer Tunnel nördlich von Drei-Annen-Hohne ist es nicht nur die längste, sondern auch die ereignisreichste der drei Schmalspurbahnen. Nur drei Jahre brauchten da-

mals – von 1886 bis 1889 – die Ingenieure für den Bau.

17 Stationen werden angefahren. In Drei Annen Hohne kann man zur Brockenbahn umsteigen, in Eisfelder Thalmühle in die Selketalbahn. Die spannenste Aussicht während des durchschnittlich 22,5 Stundenkilometer schnellen Geschwindigkeitsrausches gibt es zwischen Wernigerode und Drei-Annen-Hohne. Was auch daran liegt, daß hier die Trassenführung *scheinbar* lebensgefährlich in Hanglage verläuft und starke Steigungen zwischen 230 und 540 Metern zu bewältigen hat. Allein zwischen dem wunderschönen Bahnhof Westerntor und Elend muß das Bimmelbähnchen 73 teilweise haarnadelscharfe Kurven fahren. Und man kann sowohl vom Trittbrett, vom Fensterplatz oder von der Waggonplattform aus die phantastischen Felsformationen zwischen Ilfeld und Netzkater bewundern.

Von Wernigerode bis Nordhausen kostet die einfache Fahrt 16 DM, hin und zurück 26 DM (Stand: 1997).

Daten zur Selketalbahn

Sie gilt als Geheimtip unter den Naturfreunden. Vor allem, weil sie über weite Strecken durch

das wunderschöne Selketal dem Fluß entlangschnauft. Von **Gernrode** bis zur **Eisfelder Thalmühle** sind es 52,1 Kilometer, wozu die Dampfrösser ca 2,5 Stunden benötigen. Oder etwas länger, wenn eine Kuh auf den Gleisen steht oder eine Horde motivsuchender Fotografen immer wieder den (Not-)Halt sucht. Die Selketalbahn ist die älteste aller Harzbahnen, weil eines ihrer Teilstücke bereits 1887 (!) eröffnet worden war. Ursprünglich war sie für den Transport der Erzlager und für die Holzindustrie geplant.

Rechts und links windet sich diese Bimmelbahn auf abenteuerlicher Trassenführung zwischen schroffer Felslandschaft durch liebliche Natur. Heute transportiert sie nur noch Touristen. Für diese ist besonders der Abschnitt zwischen Gernrode und Mägdesprung interessant, wo die Dampffloks das Rammbergmassiv überqueren und dabei auf drei Kilometern 30 % Gefälle und 118 Meter Höhenunterschied schaffen.

Das Ticket für die Selketalbahn kostet – egal, wie oft Sie hier pro Tag ein- oder aussteigen – 20 DM (Stand: 1997).

Daten zur Brockenbahn

Bauzeit war nur neun Monate. Von Frühjahr 1898 bis in den tiefen Winter hinein. Seit dem 27. 3.1899 erklimmt die Brockenbahn Norddeutschlands höchsten Berg, den Brocken. Allerdings nicht bis zur gemessenen Spitze von 1142 m, sondern »nur« bis zum Brockenbahnhof in 1125 m Höhe, der damit Deutschlands höchstgelegener Bahnhof ist.

Von Drei-Annen-Hohne sind es bis zum Brocken 18,9 Kilometer hinauf, wozu dieser dampfende Bergsteiger knapp zwei Stunden benötigt, von Schierke nur noch 30 Minuten. Auf dieser Strecke ist Schwerstarbeit angesagt, weil die Steigung von 540 Metern auf 1125 Metern zu bewältigen ist. Mindestens zehn Fahrten werden heute ganzjährig und pro Tag gestartet. Vor hundert Jahren gab es hier nur Saisonbetrieb zwischen April und Oktober. Aber im Jahre 1900 fuhren immerhin schon 51.209 Personen mit der Brockenbahn. 1996 waren es fast 800.000!

Für die Brockenbahn gilt ein Einheitstarif, egal, ob man in Drei-Annen-Hohne oder Schierke einsteigt: 25,– DM die einfache Fahrt, 40,– DM für Hin- und Rückfahrt (Stand 1997).

Reservierungen, Rufnummern...

• Harzer Schmalspurbahnen GmbH, Friedrichstr. 151, 38855 Wernigerode, Tel. 0 39 43/ 55 81 43, Fax 3 21 07 oder 55 81 48. Hier erfahren Sie auch spezielle Preise für Gruppenfahrten, Drei-Tage-Rabatt oder besondere Nostalgie-Ausflüge
• 24-Stunden-Infoservice vom Band unter 0 39 43/5 58-0
• Bahnhof Wernigerode, Westerntor, Tel. 0 39 43/55 81 60.
• Bahnhof Wernigerode, Tel. 0 39 43/55 81 62, Sonderfahrten-Reservierungen unter Tel. 55 81 47. • Bahnhof Nordhausen Tel. 0 36 31/62 91 51. • Bahnhof Gernrode Tel. 03 94 85/6 24 23.

30 Auf den Spuren deutscher Dichter und Denker

Mit Goethe, Heine, Luther, Löns & Co. durch den Harz

Vor lauter Heine-Statuen, Goethe-Wegen, Löns-Gedenktafeln und Heine-Weg sieht man den ganzen Harz nicht mehr! So könnte ein Aufschrei derer lauten, die an sonnigen Wochenenden die berühmten Spuren unserer großen deutschen Dichter wählen. Denn dann folgen zwischen Goslar, Göttingen und Eisleben ganze Heerscharen von Wanderern der schönen Poesie mehrerer Dichtergenerationen der letzten drei Jahrhunderte. Wir wollen uns hier einmal von ihren Worten, Gedichten und Gedanken durch den ganzen Harz führen lassen, ohne uns auf eine spezielle poetische Route zu kaprizieren...
Wenn es nach unseren Dichtern und Denkern geht, dann ist der Harz das deutscheste aller Mittelgebirge. Mythos, Mystik und Naturmächte mischen sich hier seit Jahrhunderten in Poesie und Landschaftsbeschreibungen. Die 45jährige verminte deutsche Teilung mitten durch den Harz war

In der 1000jährigen Königsstadt Quedlinburg wurde Friedrich Gottlieb Klopstock 1724 geboren

nur ein relativ kurzes Lidzucken in der Millionen-Jahre-Geschichte dieser Landschaft. »Der Brocken ist ein Deutscher. Mit deutscher Gründlichkeit zeigt er uns klar und deutlich...eine scharf gezeichnete Spezialkarte. Er läßt seine eigentliche Schönheit nicht direkt erkennen«. Trotzdem hätte er so etwas »Verständiges, Tolerantes, eben weil er die Dinge soweit und klar überschaut«, so beginnt Heine eine seiner Landschaftsbetrachtungen in seiner »Harzreise«. Heine wie vor allem auch Goethe haben diesen »Gipfelsturm« veranlaßt, der heuer fast eine Million Touristen pro Jahr von allen Himmelsrichtungen aus den Brocken besteigen bzw. per Bimmelbahn hinauffahren läßt. »Ihr glücklichen Augen, was Ihr je gesehn, es sei – wie es wolle – es war doch so schön« schrieb Goethe nach seiner ersten Gipfelwanderung. Es war am 10. Dezember 1777, als der damals 28jährige mit gepacktem Rucksack und unter kundiger Führung des Försters Degen vom Forsthaus in Torfhaus bei tiefem Schnee und Frost zu seiner ersten Brockenbesteigung aufbrach. Diese Wanderung durch damals unwegsames Gelände muß ihn so beeindruckt haben, daß er den Harzer Hexenspuk samt Wal-

purgisnacht später in seinem »Faust« verarbeitete: Von Elend aus steigen Faust und Mephisto auf den Zauberberg, wo sich Hexen und Teufel zur Walpurgisnacht versammelt haben. Irrlichter begleiten ihren Weg...
Als Goethe 1783 und '84 insgesamt dreißig Tage durch den Harz wanderte, hatte er nicht nur Augen für den dicksten Brocken des Gebirges: »Der Weg auf den Berg, Tonschiefer, rechts der Ziegenkopfsandstein, der Berg oben mit schönen Eichen und Buchen bewachsen, Wiesenabstieg ins Rübeland, zurück nach Blankenburg, Versteinerungen in Sandstein –

Von Torfhaus aus unternahm Goethe 1777 seine Winterbesteigung des Brockens. Die alte Försterei von 1713 ist heute Gasthof

118

Blätterabdrücke«, schrieb er an (seine) Frau von Stein. Goethe wanderte nicht immer alleine, einmal mit dem befreundeten Maler Melchior Kraus aus Weimar, der für die geologisch-mineralogischen Forschungen des Dichters und Wissenschaftlers exakte Zeichnungen von Felspartien anfertigen sollte. In einem weiteren Brief vom 24. September 1784 an Frau von Stein heißt es nach einer Wanderung bei Wernigerode: »Kraus ist mir eine große Hilfe, weil er diese Stücke für mich zeichnet, die sonst bald meinem Gedächtnis entschwinden würden. Denn hier ist mein Kopf mit ganz anderen Dingen beschäftigt, hier sind es die Menschen, welche meine Aufmerksamkeit auf sich ziehen«.

Schon einige Tage zuvor hatte er bei seiner Wanderung durch Bodetal notiert: »... gelangen wir an den Felsen, wo dieses Flüßchen hinter dem Roßtrapp hinabstürzt. Zwischen diesen Felsen interessiere ich mich für den geologischen Aufbau, es ist ein Durchschnitt, der sehr lehrreich ist. Ich glaube, regelmäßige Lagen in der großen, unordentlichen Mannigfaltigkeit dieser Felsen zu erblicken« . Eben hier wurde anläßlich des 200. Geburtstages von Goethe eine steilaufragende Granit-

wand – früher *Siebenbrüderfelsen* geheißen – in Goethefelsen umgetauft. Auf der Plakette stehen die Dichterworte: »Der Geist, aus dem wir handeln, ist das Höchste« . Als er anno 1805 zum letzten Mal hierher kam, schrieb Goethe nämlich: »Hier fiel mir wiederum auf, daß wir durch nichts so sehr veranlaßt werden, über uns selbst zu denken, als wenn wir höchst bedeutende Gegenstände, besonders charakteristische Naturszenen nach langen Zwischenräumen endlich wiedersehen und den zurückgebliebenen Eindruck mit der gegenwärtigen Einwirkung vergleichen.« Andere Dichter wie der in Quedlinburg geborene Klopstock oder Theodor Fontane sahen den Harz viel profaner: »Man ist hier gut aufgehoben, gut bedient und gut verpflegt...« Fontane schwärmt in seinem Roman »Cecile« von der Aussicht übers Bodetal: »Ich ziehe diese Stelle jeder anderen vor, auch dem Trappefelsen. Dort ist alles Kessel, Eingeschlossenheit und Enge; hier ist alles Weitblick. Und Weitblicke machen einem die Seele weit und sind recht eigentlich meine Passion in Natur und Kunst«.

Der dänische Märchenkönig Hans Christian Andersen (»Die Phantasie entfaltet sich hier immer mehr in meinem Herzen und ich hörte und sah eine große Natur um mich her«) wie auch Heinrich von Kleist liebten die Umgebung Blankenburgs: »Mit weit mehreren Vergnügen gedenke ich der Aussicht auf der mittleren und mäßigen Höhe des Regensteins, wo kein trüber Schleier die Landschaft verdeckte und der schöne Teppich im Ganzen wie das unendlich mannigfaltige des Selben im Einzelnen klar vor meinen Augen lag. Die Luft war mäßig, nicht warm, nicht kalt – geradeso, wie sie nötig ist, um frei und leicht zu atmen«, schrieb Kleist.

Bereits anno 1805 erzählt Josef von Eichendorff in seinem Tagebuch: »Kamen wir durch lauter schöne Gegenden in Blankenburg an, als wir endlich ermattet auf einer freien Höhe den Ausgang aus dem unendlichen Walde erreicht haben, überraschte uns plötzlich und zum ersten Mal der längst ersehnte Anblick des alten Vater Brocken.« Ebenso begeistert verglich einst Wilhelm Busch ein Harzer Kloster mit dem Heidelberger Schloß, als er Walkenried besuchte: »Diese wundersame Ruine eines im Bauernkrieg zerstörten Klosters ist im geistlichen Sinne das, was das Heidelberger Schloß im weltlichen Sinne ist.«

Im religiösen-reformatorischen Sinn ist wohl auch Martin Luther sehr von der Harzer Landschaft westlich seines Heimatortes Eisleben beeinflußt worden. Seiner Frau in Wittenberg schrieb er noch kurz vor seinem Tod aus Eisleben: »Liebe Käthe, der Teufel hat uns das Bier in aller Welt mit Pech verderbet, und bei Euch den Wein mit Schwefel. Aber hier sind Bier und Wein noch rein.«

Eben hier aus Eisleben schrieb auch der Romantikdichter Novalis anno 1792 an seine Geliebte: »Madmoiselle, einige der glücklichsten Tage meiner Jugend verlebte ich in Eisleben.«

Hermann Löns, der zeitweise in Osterode und Neustadt dichtete und lebte, bevorzugte die Wanderwege um Wernigerode: »Alle Städte, den Harz hinauf, den Harz hinab, haben ihre Schätze und Kostbarkeiten«, schrieb er 1907. »Doch keine ist so reich und bunt wie Wernigerode. Alles ist da, was das Herz begehrt; lustiges Treiben und träumerische Stille, städtische Eleganz und dörfliche Einfachheit. Sie ist die Stadt der bunten Gegensätze, die zu einer stimmungsvollen Einheit verschmolzen sind.«

Aber selbst der Heimatdichter und Vielschreiber Löns kann den Harz nicht so geliebt haben wie Heinrich Heine. Sein literarischer Bericht über seine Harzreise von Göttingen über Northeim, Osterode, Clausthal und Goslar bis zum Brocken und weiter ins Ilsetal war das erste Prosastück, das ihn bekannt machte. »Vor mir schwebte die schöne Sonne«, schrieb er, »immer neue Schönheiten beleuchtend. Der Geist des Gebirges begünstigte mich ganz offenbar; er wußte wohl, daß so ein Dichtermensch viel Hübsches wiedererzählen kann, und er ließ mich diesen Morgen seinen Harz sehen, wie ihn gewiß nicht jeder sah.«

Und so war es. »Die unterirdische Musik eines Zauberschlosses« vernahm Heine beim Anblick des Ilsetals. In Sangerhausen bewunderte er schon vor dem späteren »Rosarium« die Blumenpracht: »Wenn Du eine Rose schaust, sag, ich lass sie grüßen.« Und Osterode betrachtete er von der südlichen Harzhöhe so: »… wo Osterode mit seinen roten Dächern aus den grünen Tannenwäldern hervorguckt wie eine Moosrose. Die Sonne gab eine gar liebe, kindliche Beleuchtung.« Aber auch das untröstliche Wetter am Brocken mußte er erleiden... »Und am blauen Himmel oben schifften die weißen Wolken«, dichtete er in realistischer Manier, und weiter: »Die wunderli-

»… wo Osterode mit seinen roten Dächern aus den grünen Tannenwäldern hervorguckt wie eine Moosrose«, schwärmte Heinrich Heine

chen Gruppen der Granitblöcke werden hier erst recht sichtbar, diese sind oft von erstaunlicher Größe. Das mögen wohl die Spielbälle sein, die sich die bö-

121

sen Geister einander zuwerfen in der Walpurgisnacht, wenn hier die Hexen auf Besenstielen und Mistgabeln einhergeritten kommen, und die abenteuerliche verruchte Lust beginnt, wie die glaubhafte Amme erzählt, und wie es zu schauen ist auf den hübschen Faustbildern des Meisters Retzsch.... Der Eintritt in das Brockenhaus erregte bei mir eine etwas ungewöhnliche, märchenhafte Empfindung. Man ist nach einem langen, einsamen Umhersteigen durch Tannen und Klippen plötzlich in ein Wolkenhaus versetzt; Städte, Berge und Wälder blieben unten liegen, und oben findet man eine wunderlich zusammengesetzte fremde Gesellschaft. Die einen sind kurz vorher angekommen und restaurieren sich. Andere bereiten sich zum Abmarsch... Einige der Abgehenden sind auch etwas angesoffen, und diese haben von der schönen Aussicht einen doppelten Genuß, da ein Betrunkener alles doppelt sieht.« Als er nach Clausthal-Zellerfeld kam, erinnerte er sich seiner eigenen Kindheit: »In dieses nette Bergstädtchen, welches man nicht früher erblickt, als bis man davor steht, gelangte ich, als eben die Glocke zwölf schlug und die Kinder jubelnd aus der Schule kamen... Sie weckten in mir die wehmütig heitere Erinne-

rung, wie ich einst selbst als kleines Bübchen in einer dumpf-katholischen Klosterschule den ganzen lieben Vormittag von der hölzernen Bank nicht aufstehen durfte, und so viel Latein, Prügel und Geographie ausstehen mußte... Die Kinder in Klausthal sahen an meinem Ranzen, daß ich ein Fremder sei, und grüßten mich recht gastfreundlich.«
Aber letztlich ist es immer wieder die Natur, die den kleinen Wanderfreund und großen Dichter Heine im Harz begeistert: »Bald empfing mich eine Waldung himmelhoher Tannen, für die ich, in jeder Hinsicht, Respekt habe. Diesen Bäumen ist nämlich das Wachsen nicht so ganz leicht gemacht worden, und sie haben es sich in der Jugend sauer werden lassen. Der Berg ist hier mit vielen großen Granitblöcken übersäet, und die meisten Bäume mußten mit ihren Wurzeln diese Steine umranken oder sprengen, und mühsam den Boden suchen, woraus sie Nahrung schöpfen können....Überall schwellende Moosbänke; denn die Steine sind fußhoch von den schönsten Moosarten, wie mit hellgrünen Sammetpolstern bewachsen. Liebliche Kühle und träumerisches Quellengemurmel....Da läßt sich gut sitzen. Es murmelt

und rauscht so wunderbar, die Vögel singen abgebrochene Sehnsuchtslaute, die Bäume flüstern wie mit tausend Mädchenzungen, wie mit tausend Mädchenaugen schauen uns an die seltsamen Bergblumen, sie strecken nach uns aus die wundersam breiten, drollig gezackten Blätter... Es ist alles wie verzaubert, es wird immer heimlicher und heimlicher, ein uralter Traum wird lebendig, die Geliebte erscheint – ach, daß sie so schnell wieder verschwindet!«

Daten über Dichter und Denker im Harz

• **Hans Christian Andersen**, geboren am 2.4.1805, gestorben am 4.8.1875. Der dänische Märchenkönig schöpfte viele Anregungen aus seinen Harz-Wanderungen.

• **Wilhelm Busch**, 15.4.1832 bis 9.1.1908. Der »Max und Moritz«-Dichter bereiste mehrmals den Harz und schrieb über Walkenried.

• **Joseph Freiherr von Eichendorff**, 10.3.1788 bis 26.11.1857. Sein »Aus dem Leben eines Taugenichts« hat keinen direkten Bezug zu seinen vielen Harz-Wanderungen.

• **Theodor Fontane**, 30.12.1819 bis 20.9.1898, wanderte durchs Bodetal.

• **Johann Wolfgang von Goethe**, 28.8.1749 bis 22.3.1832. Reiste dreimal in den Harz, nämlich 1777, 1783/1784 und 1805. Der »Goethe-Weg« geht von Torfhaus bis zum Brockengipfel.

• **Heinrich Heine**, 13.12.1797 bis 17.2.1856. Im Herbst 1824 unternahm er eine längere, mehrwöchige Harzwanderung, stieg alleine auf den Brocken und beschrieb »Die Harzreise«. Der »Heinrich-Heine-Weg« beginnt in Ilsenburg, ist 24,6 km lang und führt zum Brocken.

• **Heinrich von Kleist**, 18.10.1777 bis 21.11.1811. Der »Michael Kohlhaas«-Dichter bereiste Blankenburgs Umgebung.

• **Friedrich Gottlieb Klopstock**, am 2.7.1724 in Quedlinburg am Schloßberg geboren, am 14.3.1803 gestorben.

• **Hermann Löns**, 29.8.1866 bis 26.9.1914. Der »Mümmelmann«-Dichter und Heimatpoet lebte lange in Harzer Orten und schrieb viel darüber im »Hannoverschen Tageblatt«.

• **Martin Luther**, am 10.11.1483 am Ostrand des Harzes, in Eisleben, geboren und eben hier auch am 18.2.1546 gestorben. Der Reformator wanderte und predigte viel im Harz, schlichtete auch Streitigkeiten der Mansfelder Grafen.

Reise-
informationen

Vorbereitung und Kondition

Der Harz liegt nicht in der Wüste, auch nicht in den Alpen. Folglich wird man nicht verdursten (es gibt ja auch genügend Kioske, Lokale und Trinkstuben). Und man benötigt auch keine Seilschaft für extreme Klettertouren. Da es für jeden Weg spezielle und gute Wanderkarten gibt, kann man sich auch vorher recht gut über Länge, Dauer und besondere Strapazen der Tour informieren. Der Harz ist also keine Abenteuerregion für Extremsportler, sondern ein Paradies für Naturfreunde, Wanderer und Ruhebedürftige jeder Couleur. Und da er von Hexen über Märchenwälder und Wildfütterung auch recht viel für Kinder und Jugendliche bietet, dürfte es für Familien überhaupt kein Problem sein, die entsprechende Tour jeweils auch an Kinderwünschen zu orientieren – auch, um den eigenen Seelenfrieden bzw. die Natur in Ruhe genießen zu können…

Ausrüstung

Harzwanderungen sind oft keine Schönwetter-Touren. Also nicht nur den Sonnenhut im Hochsommer aufsetzen, sondern immer auch einen nichtwärmestauenden Anorak und Regenzeug mitnehmen. Außerdem feste, bereits erprobte Trekking- oder Wanderschuhe anziehen – möglichst knöchelbedeckend und mit kräftiger Profilsohle. Auch gute, feste Turnschuhe mit starkem Profil eignen sich bei leichten Touren zur Wanderung. Eine Kniebundhose ist nicht verkehrt, auch Reservestrümpfe im Rucksack tun neben Hansaplast und Wundsalbe manchmal Gutes. Verpflegung, Fernrohr, Wanderstock und eine Taschenlampe (für einen eventuellen Höhlen-Besuch) sind kein Muß, aber oft doch ein Genuß.

Anreise

Ob aus dem Norden über Hannover und Goslar, ob aus dem Süden über Kassel und Göttingen oder ob aus dem Osten von Berlin bzw. Dresden über Aschersleben oder Eisleben – die Zufahrswege für Pkw-Fahrer sind alle gut bis bestens. Auch der Zugverkehr der Bundesbahn bietet alle nur erdenklichen Anschlüsse von den großen Intercity-Strecken bis zu den unterschiedlichsten Nahverkehrszügen rund um und in den Harz. Die Anreise ist also schnell und bequem... wenn, ja wenn man sich ruhige Zeiten aussucht. Wer nämlich an Ostern, Pfingsten, Himmelfahrt oder an Wochenenden im Juli/August sowie an den Feiertagen über Weihnachten und Neujahr anreist, der darf zunächst Geduld üben und abgasträchtige *Verstopfungen* auf den Zufahrtsstraßen in den Harz genießen. Von Dezember bis Februar ist auch mit gelegentlichen starken Schneefällen zu rechnen, so daß der Pkw-Anreisende ohne Schneeketten im Hochharz sofort die Wanderschuhe anziehen müßte.

Am besten reist man während der Woche an. Im übrigen ist das Busnetz zwischen den einzelnen Harzorten so gut, daß man – einmal angekommen – seinen Pkw ruhig für die ganze Urlaubszeit vor der Pension bzw. in der Hotelgarage stehen lassen sollte.

Abwechslung unterwegs

Studieren Sie nicht nur die spezielle Wanderkarte, sondern auch die Details entlang des Tourenverlaufs. Fast alle Touren bieten nicht nur abwechslungsreiche Landschaftsbilder, sondern auch irgendein Naturschauspiel wie Wasserfälle, Höhlen, Seen oder die Vogelstation in Bad Sachsa. Speziell

Eltern sind im eigenen Interesse wirklich gut beraten, ihre Tagesrouten in Zeit und Ablauf so zu planen, daß immer irgendeine Attraktion für die Kinder dabei ist. Sei es die sommerliche Schlittenfahrt am Schmidtberg in St. Andreasberg, ein Besuch in einem der vielen Märchenparks oder in einem Heimat- bzw. Bergbaumuseum. Dadurch kriegen die Kids fast spielerisch mit, wie man im Harz früher gelebt hat. Auch die Bergbahnen sind beliebte Unterbrechungen anstrengender Klettertouren, ebenso wie ganzjährige Wildfütterungen in den verschiedensten Orten.

Gehzeiten, Jahreszeiten und Markierungen

Die in diesem Buch angegebenen Zeiten sind reine Gehzeiten eines vernünftigen, ruhigen Wanderers unter normalen Bedingungen ohne längere Pausen. Bei älteren Teilnehmern bzw. insbesondere bei Kindern muß man jedoch mehr Pausen einkalkulieren, die Start-Ziel-Zeit könnte sich dadurch bedeutend verlängern.

Natürlich ist der gesamte Harz auch ein ideales Radwandergebiet, von den 500 km Loipen für die Skiwanderer mal ganz abgesehen. Obwohl wir aber hier nur über die Lust auf Schusters Rappen schreiben bzw. lesen wollen, müssen wir dennoch die Zeit von Mitte November bis Anfang März nicht ganz vergessen. Denn in den letzten Jahren hatte dieses Mittelgebirge trotz (oder wegen?) der Klimakatastrophe immer eine ausreichend dicke Schneedecke und damit ein echtes Winterparadies zu bieten. Und es gibt nicht wenige, die dann mit Moonboots oder hohen Stiefeln trotzdem eine kleine Wanderung auf geräumten Wegen durch weiße Tannenwälder unternehmen.

Für den echten Harz-Wanderer sind die schönsten Monate der Mai und Juni sowie der September und Oktober mit einer durchschnittlichen Tagestemperatur vor 15 Grad Celsius. Wobei natürlich auch in diesen Wonne-Wandermonaten insbesondere rund um den Brocken mit heftigen Wetterumschwüngen zu rechnen ist. Das Klima im Oberharz ist sowieso härter und windiger als im Unterharz, hat fast doppelt so viele Regentage übers ganze Jahr. Das mildere Unterharzklima zeigt oft schon im Mai mediterrane Züge. Selbstverständlich gelten auch die Sommermonate Juli und August als ideale Jahreszeit für Wanderer, weil es in den Höhenlagen und bei durchschnittlich sieben Sonnenstunden pro Tag hier nicht so schrecklich heiß wird (ca. 20 Grad). Andererseits jedoch sind dann die Wege und Strecken oft total überfüllt. Grundsätzlich aber ist der Harz übers ganze Jahr eine Augenweide: Die verschneiten Wälder und zugefrorenen Seen im Winter, die Obstblüte im Frühling im Südharz und die sommerlichen vollen Getreidefelder im Unter- und Vorharz. Als ganz besondere Attraktion – dem weltberühmten »Indian Summer« mit seinen kanadischen Ahornwäldern vergleichbar – gilt der Harzer Herbst mit seinen bunten Mischwäldern. Grundsätzlich gilt: Je höher, desto kälter. Und generell gilt auch: In den Rucksack gehören selbst bei Sonnenschein Pullover und Regenüberzug. Am besten informiert man sich vor der Tour über den aktuellen Wetterstand im Harz, Tel. 0 53 21/2 00 24. Spezielle Hinweise für das heikle Brockenwetter gibt es täglich aktuell bei den Bahnhöfen der Brockenbahn.

Die *Fern-* und *Hauptwanderwege* sind auf den offiziellen Wanderkarten mit einem durchgehend roten Strich sowie (nur im Westharz!) einer arabischen Zahl und einem lateinischen Buchstaben gekennzeichnet, die *Zielwanderwege* mit einem unterbrochenen roten Strich und die *Rundwanderwege* mit einer gepunkteten roten Linie. Dort, wo zwei dieser Wege ein Stück gemeinsam verlaufen, wird auf der Karte immer der »höherwertige« markiert. Neben diesen Markierungen kennzeichnet der Club seine Wanderwege noch an den Bäumen mit verschiedenen Farbzeichen. Die größeren Wegeschilder an Kreuzungen und Gabelungen zeigen mit Kilometerangabe und Pfeil die nächsten Wanderziele an. Hier wiederum geben Farbkreise die ungefähre Streckenzeit an, blau = eine Stunde, gelb = zwei Stunden, rot = drei Stunden. Die im Ostharz zu DDR-Zeiten gültigen Kennzeichnungen von Wanderwegen (Haupt-, Gebiets- und örtliche Wanderwege) unterscheiden sich nicht besonders von denen des Harzclubs, werden auch im Laufe des Jahres 1997 vollständig ausgetauscht.

Nützliche Adressen:

• Harzer Verkehrsverband e.V. (für den West-Harz), Marktstr. 45 (Gildehaus), 38640 Goslar, Tel. 0 53 21/3 40 40, Fax 34 04 66.
• Fremdenverkehrsamt Harz (für den Ost-Harz), Markt 2, 06547 Stolberg, Tel. 03 46 54/8 01 50, Fax 7 29.
• Harzclub e.V., *der* Heimat- und Wanderverband, Ernst-Paul-Str. 14, 38678 Clausthal-Zellerfeld, Tel. 0 53 23/8 17 58, Fax 8 12 21.
• Nationalpark-Verwaltung Hochharz, Lindenallee 35, 38855 Wernigerode, Tel. 0 39 43/5 50 20, Fax 55 02 37.
• Nationalpark-Info in Torfhaus 21, 38667 Torfhaus, Tel./Fax 0 53 20/2 63.
• Verband Campingplatzhalter Niedersachsen-Harz, Tel. 0 53 21/2 00 31.
• Verband Campingplatzhalter Sachsen-Anhalt, Tel. 03 92 07/2 95.
• **Wanderheime** des Harzclubs mit Übernachtungsmöglichkeiten für Einzelwanderer, Familien und auch Gruppen:
»Wildemann«, Im Schwarzewald 2, Tel. 0 53 23/98 30 50;
»Bad Lauterberg«, Lönsweg 12, tel. Anmeldung über 0 55 24/25 33;
»Torfhaus«, Goetheweg, tel. Anmeldung über 0 55 82/12 48.
• **Jugendherbergen:** In Altenau, Bad Lauterberg, Bad Sachsa, Braunlage, Clausthal-Zellerfeld, Goslar, Hahnenklee, Torfhaus sowie in Derenburg, Elbingerode, Gernrode, Harzgerode, Meisdorf und Wippra.
Infos bei: Deutsches Jugendherbergswerk (DJH), Bismarckstr. 8, 32754 Detmold, Tel. 0 52 31/740 10, Fax 74 01 67.

Ortsregister

Kursive Ziffern verweisen auf Abbildungen, geradestehende auf Textstellen.

Kartensymbole

[A]	Anfang der Tour
[E]	Ende der Tour
[M]	Museum
❋	Aussichtspunkt
🛆	Kirche
🛆	Kapelle
[H]	Schloß
⌂	Höhle
[X]	Einkehr
▲	Camping
⌂	Hütte, Berghaus
〜	Bademöglichkeit